CLIL
Content and Language Integrated Learning

新しい発想の授業
―理科や歴史を外国語で教える!?―

編著
笹島 茂

著
Peter Mehisto
David Marsh
María Jesús Frigols
斎藤 早苗
池田 真
鈴木 誠
佐藤 ひな子
Sopia Md Yassin
Chantal Hemmi

SANSHUSHA

はじめに

　本書は、外国語教育に一つの新しい視点を投げかけることを意図しています。外国語教育と言っても、広く普及している英語から外国人のための日本語まで幅広い領域となります。すべての外国語をカバーすることは困難です。そこで、本書では、英語を念頭に置いて説明していきます。英語をさまざまな外国語に置き換えることで、本書が意図する外国語教育の指導法は理解していただけるでしょう。

　本書は、Peter Mehisto（ピーター・メヒスト）、David Marsh（ディビッド・マーシュ）、María Jesús Frigols（マリア・ヘスス・フリゴルズ）の『Uncovering CLIL ── Content and Language Integrated Learning in Bilingual and Multilingual Education』(2008年マクミラン社より出版) に刺激を受けて、その考えを日本の状況に合うように構成してあります。また、ヨーロッパにおけるCLILが日本の状況にそのまま当てはまらない点も予想されるため、多くの部分を書き換えてあります。しかし、基本的な考えは、彼らの著作を基盤としています。

　日本でのCLILは今後の課題となります。「日本ではバイリンガル教育は一部のエリートのもので、一般には馴染まないのではないか」「英語で教えることは大切だが、CLILに限定する必要はないだろう」「ヨーロッパの言語教育事情にはCLILは有効かもしれないが、日本はやはり国語教育が重要だ」「日本では英語教育でさえまともにできていないのに、教えられる先生がいないのではないか」など、CLILの導入に関しては、さまざまな声が予想されます。すでに「外国」という用語自体が問題かもしれませんが、グローバル化がますます進む世界で生き抜くためには、外国語教育に新しい考え方が必要となります。多言語多文化社会では、言語教育はますます重要となり、「教える」だけではなく「学ぶ」という視点も必要です。その意味で、CLILの考えは重要性を増してくると考えます。

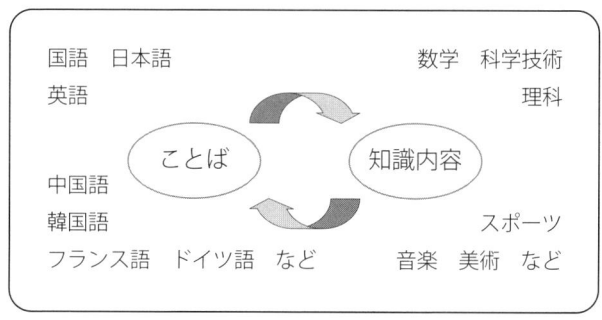

本書では、まず、CLILに関する基本的な知識について、理論と実践の両面から説明します。次に、ヨーロッパでどのように実施されているのかという点に焦点を当て、いくつかの事例を紹介しながら、CLILの理解の促進を図ります。また、アジアではまだあまり実施されていませんが、マレーシアの事例を紹介します。さらに、日本の小学校、高校、大学での事例を紹介し、課題を明確にしたいと思います。その点を踏まえて、CLILを実践する上で必要な目標設定、カリキュラム、シラバス開発、評価などについて具体的に説明します。さらに、学習者の学習意欲を高めるためのさまざまな支援について、具体的な方法を提示します。

　CLILの目的は、学習者の自律を育て、学習者を成長させることにあります。単に外国語を教えることではなく、学習者が、外国語を通じて科目内容について興味を持ち、自分自身で外国語を使いながら学習を進めていくことを支援することが、CLIL教師の大きな役目となります。つまり、本書の目的は、このように指導しなさいということを提言するものではありません。CLILは一つの指導法ですが、型にはまるものではありません。状況に応じて、さまざまに変化してよいのです。巻末に、活動例を示しておきます。使えるものもあれば、使えないものもあるでしょう。しかし、CLIL授業をどう展開したらよいのかというヒントになると考えます。どれも英語指導を念頭に置いていますが、他の外国語に応用は可能です。

　大切な点は、指導する側の考え方です。主体はあくまで学習者です。学習者をどのように支援するのかという点が、やはり大切なのです。その機会を提供し、学習をサポートする。そのサポートの方法を、言語教育の視点だけではなく、各科目内容の指導の観点を併せることで、さらに、学習者の認知や意欲に向けようとCLILは意図しています。

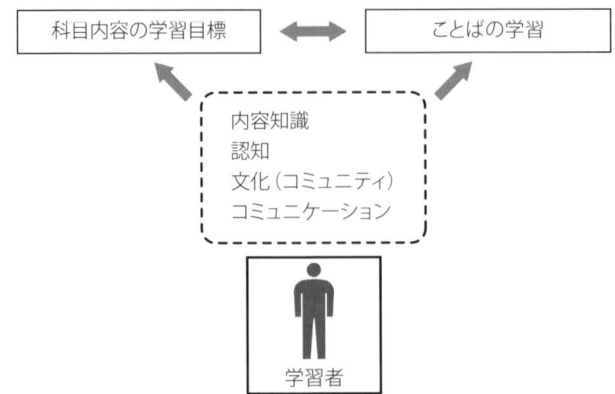

CLILは学習者の意欲を喚起する

本書はCLILの実践書です。外国語を教えている人だけではなく、外国語を使っている人にも読んでいただきたいと考え、学術書のような構成を極力排除し、文献などの掲載も省きました。また、できるかぎり分かりやすく、すぐに実践で使えるアイディア、素材、事例を紹介しています。第3章でも紹介している上智大学の実践を背景としたCLILの理論書、『CLIL（クリル）　内容言語統合型学習　上智大学外国語教育の新たなる挑戦　第1巻　原理と方法』（渡部良典、池田真、和泉伸一　著）（上智大学出版局、2011年）と併せて読んでいただくと、CLILに対する理解がより一層深まります。

　CLILは決してむずかしい指導法でも、特殊な指導法でもありません。これまでの発想を変えることが大切です。さらに、必ずしも、言語指導に精通した人だけの指導法ではありません。科目の知識を持った人が目標言語で教えようとする際に取り入れることが可能な指導法です。今後さらにこの分野が発展することでしょう。本書がそのきっかけとなることを願ってやみません。

　本書では、CLILを対象とする場合、「言語」という用語の使用を極力避けています。また、「言葉」と漢字を使う代わりに、「ことば」という用語を使っています。CLILがこれまでの言語学習とは異なるというメッセージを伝えたいからです。そこで、CLILの授業で使われることばを「CLILのことば」と呼んでいます。また、CLILを説明する際に、「科目内容とことばを統合した学習」としています。「ことば」という用語を使うことで、新しい発想が生まれてほしいのです。

　本書作成にあたり、多くの方の協力を得ました。特に、イタリア、ミラノ市教育委員会のGisella Langé氏、ミラノ市のCollegio San Carlo校のRenata Cirina氏、スペイン（カタロニア）、バルセロナ市のカタロニア教育省のNeus Lorenzo氏、フィンランド、バーサ市のVasa teacher training schoolの校長、Gun Jakobsson氏にたいへんお世話になりました。また、原文の翻訳などで、東海大学大学院生Megumi Chafin Kozuma氏、文教大学学生大澤健太氏に手伝っていただきました。また、紹介した事例の中で触れた学生や生徒・児童のみなさんも含めて、すべての方に、この場を借りて、お礼を申し上げます。

著者代表

笹島　茂

sasajima@saitama-med.ac.jp

もくじ

はじめに　003

第1章 ｜ CLILとは　008

- 1.1 外国語を苦手としない　008
- 1.2 CEFRのよい点を利用　009
- 1.3 CLILは教科科目などの内容とことばを統合した学習　010
- 1.4 CLILの歴史は古い　011
- 1.5 CLILはグローバル社会に対応したアプローチ　012
- 1.6 CLILの基盤となる統合　013
- 1.7 CLILの3つの目標　014
- 1.8 CLILは柔軟で多面的なアプローチ　015
- 1.9 CLIL普及の障害は誤解と教師や教材の不足　016
- 1.10 CLIL指導への入口　019
- 1.11 CLIL指導法に特徴的なこと　020
- 1.12 CLIL指導法の30のコア　021
- 1.13 CLIL指導の30のコアの推進　022
- 1.14 CLILは生徒にどう役立つか　024
- 1.15 1時間の授業展開例　025
- 1.16 CLILの授業実践　026
- 1.17 CLIL－小学校での実践例　027
- 1.18 CLIL－中学校・高等学校での実践例　036
- 1.19 まとめ　046

第2章 ｜ ヨーロッパでのCLILの実践　048

- 2.1 ヨーロッパのCLILの普及の概要　049
- 2.2 CLIL推進の動き　050
- 2.3 フィンランドの取り組み　051
- 2.4 バーサ教員養成学校のCLIL　053
- 2.5 イタリアの取り組み　058
- 2.6 ミラノの小学校でのCLIL　060
- 2.7 ミラノでのCLIL実践　063
- 2.8 スペイン（カタロニア）の取り組み　066
- 2.9 フィゲラス近郊の小学校のCLIL　067
- 2.10 バルセロナの小学校のCLIL　069
- 2.11 バルセロナの中等学校のCLIL　071
- 2.12 ヨーロッパでのCLIL　072
- 2.13 ECMLの取り組み　073

第3章 ｜ アジアでのCLIL　076

- 3.1 マレーシアでの英語による理科・数学授業（TESME）　077
- 3.2 TESMEの理論的根拠とサポート　077
- 3.3 TESMEの一例　079
- 3.4 TESMEの廃止　080
- 3.5 マレーシアの教育の現状から見るCLIL　081
- 3.6 問題と今後の課題　084
- 3.7 アジアの他の国でのCLIL　086

第 4 章 ｜ 日本でのCLIL実践　088

4.1　森村学園初等部のCLIL実践（ブリティッシュ・カウンシル）　089
4.2　ウェルシュ・ケーキを作る（How to make welshcakes）：準備　089
4.3　ウェルシュ・ケーキを作る（How to make welshcakes）：調理実習　091
4.4　小学校でのCLIL実践　093
4.5　川越女子高校のCLIL実践　094
4.6　高校の生物でのCLIL授業の指導案と展開　095
4.7　CLIL授業をふりかえって　101
4.8　実践的なCLILに向けて　103
4.9　埼玉医科大学のCLIL実践　105
4.10　CLIL授業の実際　109
4.11　今後のCLIL授業展開の可能性　112
4.12　上智大学のCLIL実践　113
4.13　CLILプログラムの開発　114
4.14　CLILの授業例　119
4.15　日本におけるCLILのあり方　128

第 5 章 ｜ CLIL推進のために　130

5.1　CLIL成功のイメージ　130
5.2　科目を学ぶクラスでの外国語学習の支援　132
5.3　外国語を学ぶクラスでの科目内容の支援　136
5.4　科目間のテーマや活動ですること　140
5.5　学習をふりかえる　145
5.6　ポートフォリオ評価　147

第 6 章 ｜ CLILが開く生徒の学習　158

6.1　足場づくり（scaffolding）　158
6.2　学んだことをステップとして　160
6.3　知識は小分けにまとめる　163
6.4　創造的思考と批判的思考を養成する　167
6.5　学習スタイル　171
6.6　コンフォートゾーンを超えるために　173
6.7　CLILの活性化と適切な教室環境づくり　174
6.8　CLILで学ぶ　185

おわりに　188

資料　190
　　CLIL授業案 1　190
　　CLIL授業案 2　195
　　CLIL関連のウェブサイト例　200
　　CLILキーワード　202

執筆者紹介　206

第1章 CLILとは？

CLIL＝教科科目などの内容とことばを統合した学習

1.1 外国語を苦手としない

　外国語と言えば英語がその代表です。学校で英語を学んでいるはずなのに話せない人が多くいます。「日本の英語教育は効果がない」「学校で英語を勉強してもちっともしゃべれない」などという声をよく耳にします。また、英語ばかり教えているわりには、TOEFLなどのテストの成績は世界でも最低だと批判されたりもします。仕事などで英語を話せる人が少ないのも事実かもしれません。英語だけではなく、**外国語が使える必要性はますます多くなっている**にもかかわらず、「最近は、フランス語やドイツ語も大学で教えなくなった」「近くの国のことばであっても、中国語や韓国語は学校で教えてくれない」という声も耳にします。国語の大切さは分かりますが、それだけではあまりに内向きです。

　たしかに、日本では圧倒的に日本語が重要です。日本にいる限り他のことばを使う必要性はほとんどありません。バイリンガル（bilingual）（2言語併用）は、日本ではごく一部の人に該当することで、かなり高い言語能力が要求されていると考えられています。しかし、状況によってはごく普通のことなのです。つまり、地域や状況によってはそれが自然だということもあるわけです。日本語だけというモノリンガル（monolingual）（単一言語）のほうがある面で特殊かもしれないのです。**多くの人が外国語を学ぶということに苦手意識を持ちすぎる**のではないでしょうか。

　日本とはまったく異なるヨーロッパでは、言語教育にCLILが浸透しつつあります。その背景には、ヨーロッパの争いの歴史があります。ヨーロッパ統合という理念のもとに、EU（ヨーロッパ連合）が生まれ、ことばの重要性が注目されました。その中で、**CEFR (the Common European Framework of Reference for Languages)（ヨーロッパ言語共通参照枠）が言語教育に関する共通の基盤**を築きつつあります。

　CEFRを簡単に説明すると、ヨーロッパ市民が自由に交流できるようにと考えられた**多言語社会 (multilingual society)** に対する理念と実践を提言するガイドとなります。**複言語主義 (plurilingualism)**（個人が複数の言語を目的に応じて使用することを目標とした「母語＋2言語」

を使えるという考え方）に基づく相互理解を、EU域内で推進することが一つの大きな目標です。互いの言語と文化を尊重し、自律及び自己学習を支援し、**文化間コミュニケーション能力**（**Intercultural Communicative Competence**）（**ICC**）に注目することによって、基準を明確にして、ヨーロッパ全体で共通に使える言語教育フレームワークを提示しています。

このようなヨーロッパの社会言語環境と日本はどれほど違うでしょうか。ヨーロッパほどではないにしても、多言語多文化社会は着実に進行しています。外国語をいつまでも苦手として、とりあえず英語だけは学校で勉強しよう、させようという考えでは十分とは言えません。日本語を大切にすることは当然ですが、だからと言って他の多くの外国語学習の機会や場を提供しないのは問題です。単なる教養としての外国語学習ではなく、**使えることばの学習**が重要となっています。本書の目的はその点にあります。

1.2　CEFRのよい点を利用

ここでCEFRについてもう少し詳しく説明しておきましょう。分かりやすく、最もよく利用されているものが、次の**6段階の言語能力レベルの全体スケール**（**Common Reference Levels: global scale**）です。

熟達言語使用者 （Proficient user）	C2	聞いたり、読んだりしたほぼすべてのことを容易に理解することができる。話したり書いたりするさまざまなことから得た情報をまとめ、整理して論じたり、説明などができる。自然に、流暢かつ正確に自己表現ができ、かなり複雑な状況でも、細部の微妙な意味の違いを区別できる。
	C1	さまざまな種類の高度な内容の文章を相当に長くても読むことができ、その意味を把握できる。明らかに言葉に詰まるということなく、流暢かつ自然に自己表現ができる。社会生活・学習・専門分野の目的に応じて、柔軟に効果的に言葉が使える。複雑な話題についてでも、分かりやすく構成がしっかりした詳細な文章を作成できる。その際、文章を構成する接続表現や結束表現などもきちんと使用できる。
自立言語使用者 （Independent user）	B2	学習者自身の専門分野の専門的な議論も含めて、抽象的な話題でも、複雑な文章でも、主題や要点などを理解できる。母語話者と互いに緊張することなく普段と同じように流暢かつ自然にやりとりができる。かなり広汎な話題について分かりやすい詳細な文章を作成でき、必要かどうかを考えながら、さまざまな表現を選び、話題となっていることに対して自分の考えを説明できる。
	B1	仕事、学校、娯楽など身近なことに関して、明確で標準的な内容の要点を理解できる。学習する言語が使われる地域を旅行しているときに出会うたいていの状況に対応することができる。身近で個人的にも関心のある話題に関しては、平易な文章を作成できる。経験、出来事、希望、将来の夢などを述べ、意見や計画を簡単な表現を使って説明し、その理由が言える。

→次ページへつづく

基礎言語使用者 (Basic user)	A2	（個人や家族の基本的な情報、買い物、地域、雇用など）身の回りのことに関連する文やよく使われる表現が理解できる。身近で毎日すること や、単純で直接的な情報交換が必要な日常的なことであれば、基本的なコミュニケーションができる。自分の生い立ち、身の回りの状況や事柄などを、その場で簡単な言葉を使って説明できる。
	A1	具体的で要求を満たすためによく使われる日常的な表現や、かなり基本的な言い回しは、理解し使うことができる。自己紹介などができて、住所、友人や知人、持ち物などの身近なことについて質問をしたり、答えたりすることができる。相手がゆっくりはっきりと話して助けてくれるならば、いつでも簡単なやりとりができる。

（ヨーロッパ評議会(Council of Europe), 2001: p. 24（日本語訳は著者による））

　この言語力レベル設定は、理想の母語話者の能力を想定した熟達した言語使用者（proficient user）のC2とC1、自立した言語使用者（independent user）を想定したB2とB1、基礎的な言語使用者（basic user）を想定したA2とA1の6段階から成っています。CEFRは、この6段階のレベル設定を、言語政策者、テスト作成者、教師、学習者のすべてが利用できるように提供しています。これをもとに、テストが作成され、言語能力を診断するCAN-DO（「買い物ができる」などのレベル診断）が作成され、利用されるようになっています。

　CEFR自体はもっと大きな言語教育のフレームワークで、前述のような言語能力レベル設定を提示し、社会や教師や学習者が言語に関して明確な目的を持てるようにしています。さらに、それを実践する方法として、**ELP (European Language Portfolio)（ヨーロッパ言語ポートフォリオ）**というポートフォリオ学習を推進しています。学習者が、自分の言語学習能力、履歴、具体例（language passport, language biography, dossier）などを自分で管理して学習を進めていくという構想です。これはCEFRの理念の一つである「学習者の自律（learner autonomy）」を最もよく表す構想ですが、実際にどの程度効果的に活用されているのかはまだ実験段階です。

1.3　CLILは教科科目などの内容とことばを統合した学習

　CEFRを支える学習者中心（learner-centeredness）という理念に基づく実践的な考えが、本書で扱う**CLIL (Content and Language Integrated Learning)** です。**「教科科目などの内容とことばを統合した学習」**のことです。つまり、CLILは2つの目的に焦点を当てたアプローチなのです。学習者にとって重荷になるのではと疑問に思う人もいるでしょう。また、エリート教育だと誤解するかもしれません。そうではありません。簡単に数式で表すと次のようになります。

$$\boxed{内容} + \boxed{ことば} = \boxed{ことばによる内容の理解 + \alpha}$$

つまり、ことばをうまく使って、学習する内容とことばの学習の両方を効果的に同時に促進しようと意図した学習のことをCLILと呼んでいるわけです。たとえば、CLILは、アジアの子供が英語で算数と理科を学ぶという学習に利用されています。あるいは、ノルウエイの中学生がドイツ語で芝居をするとか、イタリアの高校生がフランス語で理科を学ぶとか、日本の大学生がイタリア語で料理を学ぶとか、オーストラリアの人が中国語で美術を学ぶことに、CLILの基本的なアプローチが役立っているのです。

ことばの学習と科目内容の学習の組み合わせには限りがありません。単に外国語を通してある科目の授業を受けるということではないのです。CLILでは、ことばの学習に対するアプローチが学習者に同時に提供されるという点が大切です。言い換えると、CLILアプローチには、言語学習ではときに欠けてしまいがちになる**学習者自身の学ぶ意欲を引き出す**可能性があります。さらに、学習者自身による発見を促し、さまざまな学習に対する能力が副次的に備わる可能性があるのです。

1.4　CLILの歴史は古い

CLILという用語は1994年頃からヨーロッパで使われるようになりました。しかし、**CLILの実践にはかなり長い歴史**があります。はじめてCLILとして知られたタイプの学習形態は5000年前の現在のイラクのあたりまでさかのぼります。

当時その地域でスメリア人を支配したアッカド人が、現地のことばを学ぼうと考えました。スメリア人は、アッカド人に神学、植物学、動物学などを教えるのに、指導のことばとしてスメリア語を使わざるをえなかったわけです。もし当時のスメリア人の教師がCLILの基本原理を分かっていれば、彼らはアッカド人のスメリア語の学習だけではなく、神学、植物学、動物学の内容の学習を支援したということになります。

内容を教えるのに第2言語を使用するという歴史のもう一つの例は、ラテン語の普及です。何世紀にもわたって、ラテン語はヨーロッパの大学の指導言語として使われ、法律、医学、神学、科学、哲学の主要言語となってきました。しかし、CLILとかなり類似性があるにもかかわらず、ラテン語の使用は本来の意味ではCLILの例とは考えられませんでした。学術分野でのラテン語には実際に使われていることばの発達の余地がないからです。対照的に、CLILは第1言語の発達も考えながら第2言語学習や外国語学習のサポートを意図しています。

ヨーロッパでは、ここ数世紀のあいだに、多くの人が多言語主義を理解するようになりました。しかし、バイリンガルや多言語教育は、とりわけ裕福な人たちの特権のようなものだったのです。　裕福な人たちは自分の子供が英語やフランス語やドイツ語を話せるように特別に外国

語を話す家庭教師を雇ったりしていました。ある人は私立の裕福な子女の学校で学ばせるために子供を外国へ行かせたりもしました。**結局ごく一部の人たちだけがことばの勉強をしていただけ**なのです。

別なケースでは、**地理的、人口分布的、経済的現実が多言語の学習の必要性**を生みました。1965年に、フランス語圏のカナダのケベック州に住む英語を話す人の多くが、自分たちの子供がフランス語をうまく話せなければ大きくなって不利益を被るだろうと心配しました。そこで英語を母語とする親たちは、ふつうの第2言語学習指導では、子供はフランス語がうまく話せるようにはならないし、大人になっても、就職するのにむずかしいだろう、と考えたのです。こうして親たちは、完全にフランス語ですべての科目を学ぶという言語イマーションプログラム (immersion) (2言語併用による指導) の実施を教育委員会に働きかけたのです。

このイマーションプログラムに携わった教師たちはまず大きな壁に直面しました。適切な学習指導方法の合意がなされていなかったのです。とにかく試行錯誤の連続で進めていきました。教師たちは、まず、第2言語を理解し、オーラルコミュニケーション技能を伸長することに、生徒が集中するようにしました。生徒の聞く・話す力が、基礎的なコミュニケーションを可能にする程度にいったん身につけば、4技能 (聞く、話す、読む、書く) をバランスよく取り入れたアプローチが導入できるだろうと考えたのです。生徒が習熟するにつれて、ある科目は英語でも教えられるようになりました。結局、総合すると、プログラムは大成功に終わったのです。こうして、**イマーションプログラムがカナダ全体から世界のその他の地域へと普及**していきました。

1970年代になり、イマーションプログラムの広がりとともに、バイリンガル教育は多様な背景を持った子供に提供されるようになりました。同様に、1970年代に「**カリキュラムを横断することばの教育 (Languages Across the Curriculum)」(英国)** で行なわれた実践は、すべての教師が生徒のことばの技能の向上を図る必要性を意識するのに役立ったのです。このように、**科目内容とことばがいっしょに教えられ学ばれる必要があるという理解の高まり**がますます進みました。同時に、ふつうの第2言語指導だけでは適切な効果を達成していないということも明らかになりつつあったのです。

1.5 CLILはグローバル社会に対応したアプローチ

1990年代までにグローバル化の波が小学校から大学までの教育全般に押し寄せ、言語教育の必要性が高まりました。今日のヨーロッパでは、ヨーロッパの結束と競争力を高めるために、すべての若い人たちに言語学習の機会を与え、言語能力の改善の要望がより一層強くなってい

ます。アジアでは、中国経済の急激な成長のおかげで、中国語や英語のような**リンガフランカ (lingua franca)（国際共通語）を効果的に利用する関心**が高まっています。このようなリンガフランカは、アジアの国々での経済や社会にとって欠かせないほど重要なものとなりつつあります。

　グローバル化は、以前には見られないような相互に関連した世界を構築しようとしています。新しい技術が情報や知識の交換を促進しています。さらに、このことが私たちの生活のすべてにわたって世界経済の統合と変化を加速させてきました。人や物の移動は物理的にもバーチャルにもかなり盛んになっている現実があり、それに伴うことばの必要性はますます重要になっています。複雑なグローバル社会に生きる現実は何をどのように教えるかにも影響を与えるようになりました。そして、そのような現実は言語教育だけではなく、他のすべての科目の学習にもかかわるようになっているのです。

　いくつかのことを統合する学習は、学習者にグローバル社会に適する知識や技能を効果的に提供する今日の教育形態として、発展するようになってきました。それだけではなく、「**団塊世代ジュニア（Generation Y）」（一般に1982年から2001年の間に生まれた人たちのこと**）の考え方は、「**使って学び、学んで使う**」というような即時性に特徴があり、「学んでから使う」という考え方ではないのです。「**サイバー世代（Cyber generation）」（2001年以降に生まれた人たちのこと**）は、コンピュータなどの技術を若いときから利用し、それにかかわる個人的で実践的な経験にかなり左右されるようになっています。いまや世界をつなぐ授業を受けられる世代となり、**CLILはそのような新しい社会に対応したアプローチ**として注目されているのです。

1.6　CLILの基盤となる統合

　CLILの指導ストラテジーの基本は、指導の手段として**生徒の母語ではないことばを使う**ことです。つまり、小学校、中学校、高校、職業高校、大学などで、数学、理科、芸術、ビジネスなどの科目を、学習対象と関連したことばで学ぶことです。CLILでは、**科目内容を指導しながら必要なことばを教えること**を、教師に要求します。科目を指導する教師は、生徒が見落としがちな、科目の内容の理解を困難にすることばの知識を補って、学習を支援する必要があります。この点がCLIL指導のポイントです。

　CLIL指導に携わる教師（以下、CLIL教師）はユニークな役割をします。CLIL教師は、通常のカリキュラムを教えることに加えて、生徒が科目の内容を理解するのに必要なことばを指導し、他の知識を助けとして理解できるように働きかけをするのです。ことばに関連するサポートによって、生徒の科目内容理解はさらに補強されます。こうして、**CLILアプローチは内容とこと**

ばの学習のツールとなるのです。

　次に大切な点は、**CLILの本質は統合**にあるということです。この統合には二重の目的があります。

1) ことばの学習は、科目の授業内容に含まれる

　これは、より理解を進めるために情報を多面的に再構成するということです。チャート、図、絵、実験、重要な概念や用語の図解などが、よく使われるCLIL指導ストラテジーです。

2) 科目の内容が、ことばの学習の授業でも指導される

　ティームティーチングの場合、ことばの教師は、科目の教師といっしょに、科目で使われる用語、テクストなどを授業の中に組み込みます。生徒は、内容を理解し利用する必要のあることばと談話形式のパターンを学びます。

1.7　CLILの3つの目標

　ことばを学ぶ動機となる内容を理解し、それを使うのが生徒の望みです。ことばの学習の授業でさえ、生徒はことばのためだけにことばを学ぼうとするのではなく、具体的なタスクを達成し、新しい内容を学ぶためにことばを使うならば、もっと多くのことが学べます。ことばの教師は、科目の教師よりも生徒がことばの質を高めるために多くの時間を費やします。しかし、内容をことばの指導の授業に取り入れるというCLILアプローチにおいては、学習方法を自分で見つけることもことばの学習の向上に役立ちます。このような統合された要素によって、CLIL指導では、**内容に関する目標がことばの学習の目標で支えられている**のです。

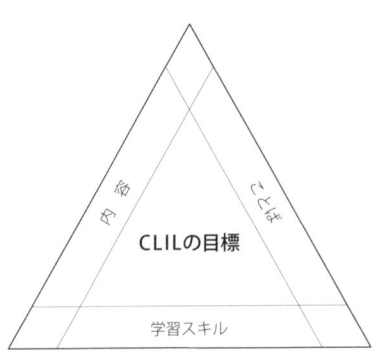

　内容とことばの学習に焦点を当てるだけではなく、3つ目の要素に注目する必要があります。それは学習スキル、つまり、学習するための技術です。学習スキルの習得はCLILには欠かせない要素の一つとなっています。**学習スキルの発達が内容とことばの学習目標の達成を支える**からです。

　左図の三角形に表されているように、**内容の学習、ことばの学習、学習スキルの3つの目標**は、より広い範囲の学習にも適応する必要があ

ります。CLILで学ぶことによって、母語の上達にも役立ち、母語で科目内容を学んでいる学習者と同様に、CLILのことばで科目内容の多くを学べます。CLILを推進する目的は、次のことを達成する状況を造り出すことです。

- 学年段階に応じた適切な科目の学力到達度の設定
- 学年段階に応じた適切なことばの4技能の習熟度設定
- 年齢段階に応じた適切な母語の能力の育成
- 母語の能力と関連した文化間コミュニケーション能力（ICC）の育成
- 国際社会の変化に対応できる認知的社会的技能や習慣の育成

　CLIL指導では、学習活動に必要なスキルを学習者に提供しますが、上に示したことを達成するためには、学習者自身が、CLILのことばを使用しながら、継続して学習する必要があります。

1.8　CLILは柔軟で多面的なアプローチ

　CLILは、これまでの言語教育理論の枠からはみ出した考え方に基づいています。つまり、伝統的な外国語教育指導法、コミュニケーション重視の指導法（Communicative Language Teaching）、LSP（Languages for Specific Purposes）（特定あるいは明確な目的のための外国語指導法）などは、あくまでもことばに重きを置いたことばの指導です。CLIL指導はそれとは異なります。CLILは、さまざまな関連する指導アプローチ（イマーションやバイリンガル教育から、多言語教育や子供に毎日学習することばを浴びせる時間を定期的に作る「ランゲージ・シャワー」プログラムなどまで）の実践を含んでいる包括的なアプローチと考えると分かりやすいでしょう。これに対しては批判もありますが、**発展途上の言語教育アプローチ**と考えていくべきです。

　CLILアプローチの新しさや価値は、さまざまな指導アプローチから適当なものを選んで適用し、柔軟な方法を統合し提供するということにあります。CLILアプローチの柔軟性は、まず、学習指導につぎ込まれることばを使う時間の量で明らかです。内容を学ぶ際に使われることばはかなりの量になります。CLILは、ことばの学習に配慮しながら科目の学習を図る上で、低いレベルから高いレベルまで、ことばへの接触を考えています。**学習することばと内容に対するバランス**をとることが、CLIL指導には大切です。そうすることにより、このCLILアプローチは、短期間で高いレベルのことばへの接触にも利用可能になります。

　次の図は、**CLILの柔軟性と多面性**をよく表しています。

CLILの多面性

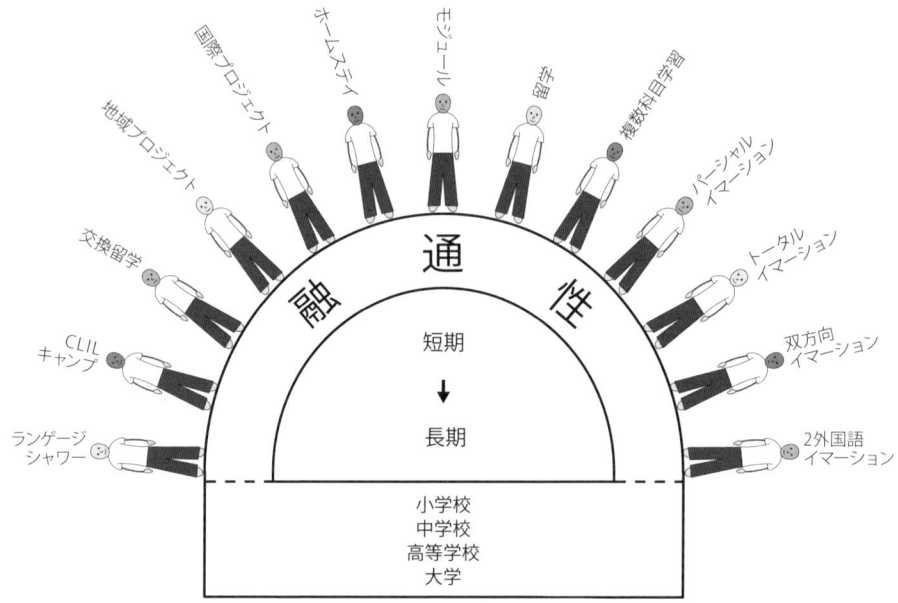

多様なCLIL活動

　このような多面性のあるCLILを批判的に見る人もいます。「結局、英語でビジネス、フランス語でファッション、中国語で料理を教えたり学んだりするのとはどう違うのか」「教える側にとっても学ぶ側にとってもかなり負担ではないか」「理想としては分かるが、現実的ではないのではないか」などなど。このような批判はある面で当然でしょうが、それでも、**CLILが提示している視点が重要**なのです。ことばを教える教師の多くはことばや文化に関心があります。しかし、学習者の多くは必ずしもそうではありません。**学習者の多くが興味を持つのは、やはり、内容**です。音楽や映画や観光やスポーツや科学技術に興味を持つのです。日本語を通して学ぶだけでは可能性が狭まります。CLILでは、これまでの教育に対する考え方を変える可能性があります。本書は、そのような新しい**教育的アプローチ**を提言しようとしています。

1.9　CLIL普及の障害は誤解と教師や教材の不足

　CLILを実践する上で直面する問題について理解しておくことは重要です。CLILに対しては漠然とした期待がありますが、不安も当然あります。そこで、さまざまな問題の可能性を予想し、

対処し、避けることができれば、よりうまく普及させることが可能です。予想される問題についてここで考えておきましょう。

CLILのコンセプトをよく理解し、誤解に立ち向かう

　直観的に「CLILはむずかしい」と考えるのがふつうです。「英語を学ぶのはむずかしい」と考えるのに、「英語で理科や数学を学ぶ」「フランス語で美術を学ぶ」「中国語で歴史を学ぶ」「韓国語で文学を学ぶ」などは、もっとむずかしいと考えるのは当然です。これは、いままでの学校教育で受けてきた教育体験に根ざす考えです。科目はそれぞれ別に教えられ学ぶものだという考え方は、学習はこのようにすべきだという先入観となります。常識的には、母語で学ぶ内容を外国語で学ぶことは困難を生じることであり、学習される内容面でも遅れるだろうし、母語の学習にも影響を与えることになると考えます。

　ところが、実際には、**CLIL授業を受けた生徒の学力は決して見劣りしない**し、干渉するどころか、逆に学力を促進する報告もあります。これは、学習者が**メタ言語意識（meta-linguistic awareness）**を身につけることによると考えられています。学習者はことばを比較できるようになり、ことばを選び、内容を伝えることに正確になるということです。正確に聞き取り、意味を正確に理解し、ことばを使うのがうまくなるのです。

　CLILは優秀な子供にだけ適しているという誤解があります。現在、シンガポールなど多言語環境で教育している国が多くあります。そこでの結果を見てください。ふつうの学力の子供でも、**CLILでよい成果を上げているという報告**があります。子供たちは、別の言語が話せることで、社会文化的なスキルを身につけ、仕事でもプライベートでも豊かになる可能性があるのです。

　CLILは、「用意周到な（just-in-case）」ではなく、**「その場に合わせた（just-in-time）」アプローチ**です。内容を学び扱いながら習ったことばをすぐに使うので、生徒は、モティベーションを高め、CLILが楽しく刺激的だと分かり、実践的に参加するようになります。実際に、CLILはさまざまな学習スタイルに対応しています。

　このようなCLILの事実をただ紹介することだけでは不十分かもしれません。実際にCLILを実施している人や事例を知ることで、関心を持ってもらうことが大切です。研究者の研究成果も重要ですが、やはり実際にCLILの授業を見てもらうことがCLILに対する誤解を解くカギです。

CLIL教師の不足

　教師の問題は、おそらく教育変革をするときにいつも話題になり共通することです。CLILを実践できる教師はどこでも不足することは間違いありません。科目内容とことばの両方の知識

を持つ教師は、限られます。たとえ能力があっても、すべての教師が内容とことばの両方を目的に教えられるわけではありません。さまざまな準備が必要ですが、まずは、CLILで使われることばが話せる人を見つけることです。次に、教育実習などでCLIL指導のできる人を養成することも大切です。その点から、大学などとの連携が必要になるでしょう。CLIL指導の知識がある教師が外国に行ったり、外国語の母語話者を招いたりして、相互に交流することが、長い目で見ると重要です。いずれにしても**CLIL教員研修の充実**がこの問題を解決する最善の策です。また、関連して、**CLILに関心のある教師のネットワーク作り**が重要となります。

教師の大きな役割：教材の不足

CLILで教えるには、教師の準備と教師間の協力が必要です。授業で、内容、ことば、学習スキルの目標を設定し、限られた時間で生徒を活動させることには、意識的な努力が必要です。特に、CLILの教材は不足しています。教師は実際に使われている素材を加工し、工夫して使っているのが現状です。それだけではなく、生徒のニーズを考慮し、保護者とも協力します。教師の協力体制も必要になります。CLILプログラムでは、**適切な教材を見つけることは特に大切**です。教材のことばは簡単で読みやすくする必要がありますが、同時に、内容があり認知的にも生徒の関心を引くものでなければいけません。

学校などのCLILプログラムへの理解

CLILプログラムはエリートのためのカリキュラムではありません。**CLILはすべての学力の子供に有効と認識**されています。CLILプログラムは基本的にだれにでも提供されなければいけません。そのためには、CLILは長期的に考える必要があります。CLIL指導で使われることばをすべての教師が理解する必要はありません。校長や管理職は、基本的なCLILの知識はあったほうがよいでしょう。新しいプログラムは注目され予算がつけられることがありますが、その際に注意することは、**CLIL授業だけを特別視することはよくない**ということです。すべての外国語教師が同様に扱われる必要があります。それでも、CLIL指導の教師にはかなりの仕事量が要求されますから、管理職はある程度配慮する必要があります。外国語の教師とCLIL教師がいっしょに仕事をする場合でも、双方の教師が別のチームになってしまうことはよくありません。双方が協力しあう環境が大切です。協力できることは協力し、互いに支えあうことで、互いの力量が高まります。そのような環境づくりは管理職の重要な役目です。

1.10　CLIL指導への入口

　CLIL指導の方向性について説明しましょう。CLILはもちろん外国語指導法に根ざすもので、基本のほとんどは近年のいわゆるコミュニケーションを目的とする外国語指導法に則っています。多くは既存の指導法とそれほど変わるものではありません。その点を理解して、以下にその方向性について触れておきましょう。

学習観（視点）を変える（Shifting perspectives）

　「今を生きる（Dead Poets Society）」という映画で、授業中に先生が机の上に乗るシーンがあります。伝統の象徴である教師がそれに反する行動を取ることにより、生徒はそれまでの常識にとらわれる必要がないことに気づくのです。このシーンは、伝統的な学校教育に対する「学習観（視点）を変える」象徴的な場面です。映画教材は、外国語指導には多くの点で効果的ですが、視点を変えてくれるという意味でも有効です。このように、使用する教材は、学習者の**言語学習に対する視点を変える**ことにも利用される必要があります。それはCLILの特徴の一つです。

理解と学習（Understanding and learning）

　映画に限らず、学習者の生活と学校で習う内容との関連を提示してくれる教材がたくさんあります。その教材を使って、目標言語を使いながら、自分の考えを述べ、他の人と意見を交換し、自分とは異なる考えに気づくことがあります。それが影響しあうことによって、共通の考え方を見いだしていくというプロセスを経験します。学習者は、そのような**目標言語を使うプロセスを経て理解と学習を構築**していくのです。これはCLILのエッセンスでもあります。

ことばを使う（Using the language）

　実際にボールを蹴ったり、ピアノを弾いたりせずに、サッカーもピアノもうまくなることはできません。また、他人といっしょに練習しなくては上達しないでしょう。もちろん一人でする場合もありますが、いっしょに練習することも大切です。言語学習もそうです。子供は母語を自然に獲得します。CLILではそれと同じような環境を与えることは大切だと考えています。**ことばを道具として使える素材がたくさんある環境**を作るのです。

ことばを使う自然なプロセス（Input, intake and output）

　学習者に提示されることば（input）がすべて身につき（intake）、使われる（output）わけではありません。だからと言って、ことばの提示を制限すれば、使用も制限されてしまうでしょう。

可能なかぎりことばを使う機会を与え、学習者にとって自然なプロセスを大切にすることです。特に子供は、自分たちのことばを勝手に作るのが得意です。**ことばが使われる自然なプロセスをCLILは大事にします**。

「その場に合わせた」('Just-in-time')

1979年、ニカラグアで、ことばが話せない障害をもった子供に強制的に口の動きを読み、話す訓練をしたことがあります。結局、うまくいかず、子供は自分たちでしぐさなどを使ってコミュニケーションするようになったそうです。その場でコミュニケーションが必要になれば、必要な手段を講じるのです。つまり、その場での成果が必要なのです。このような**「その場に合わせた」('Just-in-time')という観点**は、CLILにとって重要な要素です。

1.11 CLIL指導法に特徴的なこと

CLILはいままでの外国語教育と大きく違うものではありません。いままでのアプローチに上記で述べた方向性を付け加えた指導と考えてもらうと分かりやすいかもしれません。CLILを大きく特徴づける3つのことを挙げておきます。いずれもそれほどむずかしいことではありませんが、ポイントは教師の考え方にあります。

CLILでは教師の好きな教え方が使える

教え方はさまざまです。大切なことは、CLILの基本を理解しておくことです。つまり、内容、ことば、学習スキルの3つです。その基本を授業に合わせて調整することが必要となります。**授業で効果的なよい実践とCLILに特徴的なストラテジーを合わせて指導**するのです。

ことばの教師と科目教師が協力する

数学、理科、芸術などの科目教師が目標言語を使って授業をするとき、ことばをどのように使ったらよいのか悩みます。同じように、ことばの教師も、科目内容についてどう教えたらよいのか悩みます。互いの協力関係、つまり、**ティームティーチングが必要**になります。しかし、当然、指導観や教室活動を共有するには時間がかかり、それを進める強い意志が求められるのです。

総合的に学習する

既知の分野から未知の分野に学習を進めていくことは、CLILにつながります。つまり、**総合**

的な学習の世界に入っていくことと言えるでしょう。本書ではそのことを詳しく扱っています。さまざまな内容を融合することだけでは、CLIL授業はうまくいかないからです。

CLILが特別な指導法ではないことはよく分かってもらえたと思います。最も必要なのは、**教師の考え方の変革**です。教師にチャレンジする意欲がどの程度あるかによって、成功するか否かが決まるのです。

©iStockphoto.com / Rich Legg

1.12　CLIL指導法の30のコア

ここで、CLIL指導法のコアとなる特徴をまとめておきましょう。**多様な視点・多焦点**(multiple focus)、**安全で豊かな学習環境**、**本物らしさ**(authenticity)、**積極的な学習**(active learning)、**足場づくり**(scaffolding)、**協力**(co-operation)、という6つに大きく分けられます。それぞれの特徴をさらに下位区分すると、**CLIL指導法の30のコアのチェックリスト**としてまとめられます。

CLIL指導法チェックリスト

多様な視点・多焦点(multiple focus)	
1. 科目内容クラスで外国語学習にアプローチ	
2. 外国語クラスで科目内容にアプローチ	
3. いくつかの科目を統合	
4. 科目間のテーマやプロジェクトを通して学習をコーディネート	
5. 学習プロセスの省察(ふりかえり)を促進	
安全で豊かな学習環境	
6. 所定の型通りの活動や話題	
7. 授業を通じてことばと内容を提示	
8. ことばと内容の両方を試してみることで生徒の自信を築く	
9. 教室を学習センターとして使用	
10. オーセンティックな学習教材と環境にアクセス	
11. 生徒の学習意識を高める	

→次ページへつづく

本物らしさ (authenticity)	
12. 生徒が必要とすることばの質問をする	
13. 生徒の興味関心を最大限に引き出す	
14. 生徒の学習と生活を常に関連させる	
15. CLILのことば（目標言語）を使う人と交流する機会をつくる	
16. メディアなどで使われている最新の教材を使う	
積極的な学習 (active learning)	
17. 教師より生徒がコミュニケーションする	
18. 生徒が内容、ことば、学習スキルの成果を示す	
19. 生徒が学習成果の到達度を評価する	
20. 仲間との共同を好んで行なう	
21. 生徒同士でことばと内容の意味を考える	
22. 教師は進行役に徹する	
足場づくり (scaffolding)	
23. 生徒の持っている知識、技能、態度、興味、経験を足場とする	
24. 生徒の立場に立って情報を再構成する	
25. 異なる学習スタイルに対応する	
26. 創造的で批判的な思考を培う	
27. 生徒に楽をしようとしないで一歩前に出るように促す	
協力 (co-operation)	
28. CLILの教師とそれぞれの科目の教師との協力で授業を計画する	
29. 保護者にもCLILの学習や生徒支援などにかかわってもらう	
30. 地域、教育行政、管理職とかかわる	

1.13　CLILの30のコアの推進

　チェックリストに示された30のCLIL指導法のコアを推進するためにはどうしたらよいでしょうか。それは、やはり**「考えること (thinking)」**にあります。よりしっかりと考えることで学習は推進されます。CLILも例外ではありません。「考えること」が大切になります。別の言い方をすると、よいCLILの実践は、**「認知 (cognition)」**によって推進されるとも言えます。「考えること」、つまり「認知」は、「知ること」の知的能力を表し、次のことと関連しています。

気づき (perceiving)
認識 (recognizing)
判断 (judging)
推論 (reasoning)
思いつき (conceiving)
想像 (imagining)

観点や理解を区別するのと同様に、事実や数量を分析したり、どこに行きたいのか想像したり、計画を述べたり、思いついたり、計画した成果に見合う進歩を考えたり、判断したり、学習プロセスについてふりかえったりすることは、**すべて認知の発達や学習をサポートするのに役立つ**ことなのです。

CLILは、学習者の総合的な発達をサポートし、そのゴールは、生徒が、能力を身につけ、動機づけされ、必要なことばを使い、**自立した学習者 (independent learner)** に育つことにあります。

自立した学習者とは、

- 必要な科目内容とことばの知識と技能を身につけている人
- CLILのことば（目標言語）を話す人とのコミュニケーションの機会を積極的に求め、うまく利用する人

のことです。

CLILでの関心は、形ではなく、内容そのものです。ただことばのパターンをくり返したり、単語や言い方をおぼえたりするのでは、実際の場面ではあまり役に立ちません。新しい知識や技能を獲得するためには、新しい情報にアクセスするだけではなく、その情報をいまある知識、技能、態度などと関連させる必要があります。

意味内容 (content) が、文化 (culture) と大きくかかわり、個人的社会的プロセス (community) を通じて形成されるのと同じように、新しい知識や技能は、個人や他の人との共同による省察／分析 (cognition) やコミュニケーション (communication) 活動を通じて、発達します。 また、長期の記憶のためには、応用の場面や意味ある状況に関連して技能を活用する必要があります。さらには、考察、省察、新しい知識と技能の応用を連想させる経験、関連した結論などを引き出すことが、学習を確固としたものにするのです。

これを簡潔にまとめると次の図で表すことができます。この図は、**CLIL指導のモデルを生み出す4つの公理の関係**を表していると考えてよいでしょう。

認知 [Cognition]
ーーーーーーーーーーーーーーーー
文化（コミュニティ）／内容／コミュニケーション
[Culture (Community) / Content / Communication]

認知、文化（コミュニティ）、内容、コミュニケーションという4つの公理の関係は、**学習者が認知を活性化するために、文化（コミュニティ）、内容、コミュニケーションをそれぞれにうまく活用する**、という構造を表しています。理論的にはさまざまな考えがあるかもしれませんが、実践面から考えれば、授業の指導案を作成するときの参考となります。次は、授業の成果を導き出すこの4つの公理が、CLIL授業とどのように関連するかを具体的に表している例です。

認知
・内容、ことば、学習スキルの成果は生徒との協力で明確になる
・学習は、生徒の持っている知識、技能、態度、興味、経験の上に成立する
・生徒が、一人であるいは仲間や教師と学習成果を分析して新しい目標を設定する
・生徒は、他の授業で学んだ知識や技能を総合し、評価し、利用する

文化（コミュニティ）	内容	コミュニケーション
・生徒は学習コミュニティの一員として充実感を感じる ・生徒は学習コミュニティの中で活動する自信と技能を持って、自分の関心を他の生徒とバランスよく共有する ・教師、生徒（保護者、管理職なども）は教育のパートナーとなる ・生徒は、教室、地域、社会の中での役割を理解する	・内容が教室の内外のコミュニティと密接に関連する ・生徒は新しい状況に適応し、活動しながら関連の技能を身につける ・内容はそれほど多くはないけれども実体がある ・さまざまな科目内容が統合される ・文化的な内容はすべての科目に統合される	・生徒は、授業やコミュニティでの活動でコミュニケーションに積極的に参加する ・机の配置、教室の壁のディスプレイ、教材などが学習とコミュニケーションをサポートする ・生徒と教師がともに意味を見直し、意味のやりとりをする ・ことば／コミュニケーション技能はすべての科目で発達する

1.14　CLILは生徒にどう役立つか

　外国語を使って何かが欲しいということを伝えるのに、皆さんはどうしますか。たとえば、「コーヒーをください」というときに、英語で「I am coffee.」、イタリア語で「Sono caffè.」、フランス語で「Je suis café.」、中国で「我是咖啡」と言ったら、まちがいです。しかし、実際の場面で、そのように言って、コーヒーが出てくれば、その人は目的を達成したわけですから、たとえ笑われたとしても満足感を得ます。そこに**CLIL指導の本質**があります。

　CLILの授業は、コミュニケーションと学習を目標言語で行なうことにより、生活体験を作り出し、**子供の頃に持っていた生得的な言語学習能力を引き出す**のに役立ちます。教師は、系統的に、談話パターンや語彙を生徒に提供し、内容を教え、具体的なタスクを達成するように指

導します。さらに、教師は、必要なことばを系統的に積み上げるようにして提供し、その場で必要となる生徒からのことばの質問に答えます。生徒が何か言いたいけれど必要なことばが見つからないとき、すぐに教師がサポートします。これを続ければ生徒は次第にCLILの活動の中で必要なことばを使うようになります。

　ことばの学習は、保護者や教師から見れば、偶然性が強いとは考えにくいでしょう。しかし、生徒から見れば、**ことばの学習には多くの点で偶然性が強い**と考えられます。**生徒は学ぶ内容に興味がある**のです。語彙やことばのしくみに必ずしも興味があるわけではありません。生徒にとって、ことばは目的のための手段です。しかし、**外国語教師はことばに注意**しなければいけません。最初はゆっくりと話し、くり返したり、おおげさに表現したり、絵や写真や実物を使って話す必要があるでしょう。慣れてきたら、自然な感じで話すようにします。さらに、生徒は、仲間との協力や個人で学習を伸長し、次第に持続的なことばの学習を発展させていきます。こうして、外国語学習への焦点が薄れ、学習が内容に向かうにつれて、ことばはますます効果的に学習されるようになります。**生徒の生活や文化やコミュニティに関連する活動などを通して、生徒を導き、言語的なサポートをしながら、内容に焦点を当てる**ことで、外国語学習は最大限にその効果を発揮するのです。

1.15　1時間の授業展開例

　CLILの授業活動には、こうしなければいけないということは特にありません。先に示した4つの公理を基本にCLIL指導法の基本理念に従えば、生徒にとってよい授業活動が展開できます。しかし、例を示すことは大切ですので、一つの展開例をここに示しておきます。

対象学年：中学2、3年〜高校1、2年
学習目標：目標言語で書かれた商品（たとえば携帯電話など）の広告のちらしから情報を読み取り、整理し、どの商品を買ったらよいかを提案する
教　　材：各種の商品（携帯電話など）の広告
活　　動：グループ活動
指導手順（60分）：

時間	指導内容	活　動
5分	あいさつ、準備	授業の話題に関連する話、ゲームなど
5分	授業の目標と成果	授業の目標や成果を理解する

→次ページへつづく

10分	復習	生徒の知識の確認、学びたい内容の確認など
5分	情報の読解	生徒が学習内容のテクストを自分で読み情報を得る
15分	情報の整理と発展	読み取った情報を比較し、整理し、提案する
5分	情報の確認	作成された結果を確認する
10分	結果の発表と確認	結果を発表し、互いに比較し、補足する
5分	まとめ	学習成果の復習と次のステップの設定

　CLILで扱う学習教材には最近の内容を扱ったものが多くなるかもしれません。たとえば、新聞記事、雑誌、最近話題の本、案内やパンフレット、ウェブ上のブログなどです。このような教材を使う場合、もちろんサポートが必要になります。テクストは短く読みやすく加工し、必要な場合には語注をつけます。図表を利用し、テクストの構成も分かりやすくし、生徒がタスクをしやすくします。このように**教材を適切に加工し工夫するのがCLIL授業実践の際の教師の大きな役割**となります。考慮しなければいけないことは、生徒の知識や技能と外国語力です。また、グループ活動が多くなりますが、外国語を使う活動を強制する必要はありません。生徒が自然に外国語を使うことを促すことが大切です。しかし、教師は可能なかぎり外国語で話すことが重要です。この点が、CLIL指導の醍醐味であり、また、むずかしい点でもあります。

1.16　CLILの授業実践

　ここまでは、CLILがどうして必要なのかを説明してきました。ここからは、どういうことを、どのようなときに、どのような段階で、どのような方法で、CLIL授業を実践するのかを具体的に説明しましょう。CLILは、すでに説明した通り、小学校でも、中学校でも、高等学校でも、大学や専門学校などでも、どの段階でも導入できるアプローチです。しかし、注意しなければいけない点がいくつかあります。

1. CLILプログラム導入の際はある程度の時間がかかる

　CLILプログラム導入当初はどうしても時間がかかります。成果をすぐに期待するのではなく、生徒の様子を見ながら進めることが大切です。また、**導入段階での生徒の知識や興味に関しても留意**する必要があり、学校などの文化なども考慮して、どのようなプログラムを組むことができるのかを考える必要があります。たとえば、集中した授業展開ができなければ、準備段階からある程度の期間を想定して計画しておく必要があります。

2. 生徒はすぐにことばを使えない

　CLIL授業では、生徒はすぐには外国語で返事もできないし、会話もできないでしょう。やはり、母語を使います。それは、言語能力の問題だけではなく、文化的な背景や成長段階にも原因がありますが、**母語を使うのは極めて自然なこと**で、母語を使うことを禁止したりしてはいけません。それでも教師は可能なかぎりCLILのことばを使い、生徒にCLILのことばを使うことを促し、生徒がCLILのことばを使ったときにはほめることが大切です。

3. 活動の期間に注意する

　CLIL活動期間の長さを考慮しながら、適宜調整することが大切です。CLIL開始当初は、生徒は慣れない学習のために疲れるかもしれません。ことばだけではなく内容にも集中する必要があるからです。生徒の注意力の範囲は限られますから、**生徒の負担とならないように活動期間（時間）には注意が必要**です。

4. リスク体験と「意味の近い表現（approximation）」に対する寛容

　もう一つ強調したい点は、ある程度のリスクを生徒に体験させることと、「意味の近い表現（approximation）」を受け入れるようにすることです。つまり、ことばや知識が多少曖昧でも、それはそれとして認めることです。新しいことばを学ぶ場合は、使い方などでやはり多少のリスクがあるし、間違いをしやすいものです。この点には寛容になる必要があります。**正確さはもちろん重要なことですが、正確さに至る過程では「意味の近い表現」がとても重要なステップ**となります。

　このような点に留意して、以下具体的にCLIL授業実践を見ていきましょう。

1.17　CLIL──小学校での実践例

　2011年度にようやく小学校での英語教育として「外国語活動」が正式にスタートしました。近隣のアジアの国やヨーロッパ各国の動きからすると早期外国語教育の導入が遅く、日本的な解決のしかたで始まりました。この善し悪しは別として、**CLILはその小学校での「外国語活動」の趣旨にあった指導法**として応用が可能です。外国語と言っても、現状では、学習指導要領にあるとおり、英語を指導することになっています。ここでの具体的な実践例も英語を対象として説明しますが、方法としては他の外国語でも応用可能です。

　実践例では、小学校でのCLIL授業（英語）のスタートにあたって次のような目標を設定してい

ます。また、ある程度集中的にCLIL授業が実践できる理想的な環境を想定しています。その点を考慮して、参考にしてください。

CLIL授業（英語）目標

ことば (language)
● CLILのことばで言われた質問や指示に答える（日付、曜日、月、天気、色、1〜10の数、服、登校、親の仕事など）（母語での返事も含む） ● 絵とことばをマッチさせることで質問や指示に答える ● 互いにCLILのことばであいさつする ● 生徒たちで絵本などを作成する
内容 (content)
● 学校の場所や施設が分かる（絵とことばをマッチさせるなど） ● 礼儀正しく行動する ● カレンダーが分かる（yesterday, today, tomorrow） ● 協力して色や学校についての本を作成する
学習スキル (learning skills)
● 授業の所定の活動をもとに予測ができる

1. はじめての授業

「Hello.」「Good morning.」など、簡単なことばであいさつしましょう。自分の名前が分かるように名札をつけておくのもよいでしょう。どのような授業でも最初の出会いは大切です。この授業では何が求められるのか、どのようなことを学ぶのか、どのように対応すればよいのかなどを、最初の出会いで分かってもらうために、**易しいCLILのことばを使う**のです。教師が日本語を使えば生徒も日本語を使ってしまいます。

> 例) Good morning. Nice to meet you. Hello. Your name, please. Oh, your name is Yuka. Hello, Yuka. おはよう、ユカ。How are you? My name is Yoshiko. Yoshiko Takahashi. Your English teacher. I teach English. 英語を教えます。よろしく。あなたの名前は？ What's your name?

2. 教室環境のセッティング

適切な教室環境をつくることが大切です。子供が活動しやすい環境をつくることが大前提で

すが、現実的にいつもそのようにできるとは限りません。しかし、可能なかぎりお互いに顔が分かり、コミュニケーションがし易い環境が望ましいでしょう。名札をつけて互いの名前を言い合ったり、絵本や道具などが置いてあったりすることは、**学習に対する興味を喚起**します。

3. 名前とあいさつ

　CLILに限らず、名前を互いに知ることはとても大切です。自己紹介はまず基本です。「My name is Toshiko. I'm Hiroshi.」など、教師が、あいさつの中で、「Hello, my name is Yoko.」などと言い、ある生徒を指して、「What is your name?」と尋ね、その生徒に代わり、「My name is ○○○.」と答えることを何回か示すことで、生徒には理解してもらえるでしょう。生徒が互いに言えるようになったら、「Hello. Good morning.」などを添えて、**あいさつを互いにする**ように促しましょう。その際に日本語がどうしても必要であれば、適宜使ってももちろんかまいません。あくまでも、基本は英語です。

> 例) T: What's your name?
> 　　S: Hello, I am Shoji. I am eight years old. I am fine. I have a dog. I like dogs.

4. カレンダーを理解する

　日付や曜日の言い方を学びます。まず、空欄になっているカレンダー表を用意します。次に、そこに貼り付けられるように、月、曜日、日付のカードを用意します。

DAY OF THE WEEK	DATE	MONTH	YEAR
FRIDAY	8TH	JUNE	2012

　教師は、月、曜日、日付を生徒に指し示しながら、生徒が分かるまで、何度もくり返します。生徒も、うまく言えるように何度もくり返して言います。たとえば、次の表現を使います。

例）	What day is it today?	– Today is Monday.
	What day was it yesterday?	– Yesterday was Sunday.
	What day is it tomorrow?	– Tomorrow is Tuesday.
	What is the date today?	– Today is the second of April 2012.
	What was the date yesterday?	– Yesterday was the first of April 2012.
	What is the date tomorrow?	– Tomorrow is the third of April 2012.
	What is the date today?	– Today is Monday, the second of April 2012.
	What was the date yesterday?	– Yesterday was Sunday, the first of April 2012.
	What is the date tomorrow?	– Tomorrow is Tuesday, the third of April 2012.

認知		
・考える力		
文化（コミュニティ）	内容	コミュニケーション
・授業活動での自信	・日付、時間の概念	・語句、聞く、話す、読む

　教師が質問するだけではなく、生徒同士でも徐々に質問し合うようにします。これを**毎回の授業で行なうことにより、生徒は安心し自信を持てる**ようになります。また、グループ活動やペア活動のやり方にも慣れていきます。この活動が定着してきたら、「書く」ことも取り入れましょう。カレンダー表に書き込むようにするとさらに自信がついてきます。生徒によっては、そのカレンダー表にその日のできごとを書き込むようになるかもしれません。最初は絵で書くかもしれませんが、次第に文字で書くことを自分で望むようになるでしょう。たとえば、天気や行事などです。

5. 天気・天候

　次に天気や天候について学びます。中にはひょっとして知っている生徒もいるかもしれません。教えようとせずに、まず、生徒が知っているかどうか、分かるかどうか、などを確認しながら、絵やしぐさを使って、教師が表現するとよいでしょう。

| 例） | It's hot. | It's cold. | It's windy. | It's warm. |
| | It's sunny. | It's cloudy. | It's rainy. | It's fine. |

生徒が興味を持てば、興味に合わせて、次々と表現を増やしましょう。しかし、むずかしければ、まずは絵と合わせたり、何度もくり返したりして、日付と同様に、毎日続けることです。

> 例）What was the weather like yesterday?
> What is the weather like today?
> What was the weather like on Sunday?

気をつけなければいけないことは、やはり、**単なる英語学習にならないように工夫**することです。カレンダーの活動に、天気や天候を加え、さらに、**生徒の興味に応じて、内容を加えていくことが大切**です。たとえば、服装や持ち物を加えることも一案です。くまのぬいぐるみを用意したり、絵を描いたりして、それに、日付や天気を合わせて、服や持ち物を合わせます。

くまに加える服装や持ち物

> hat, gloves, scarf, jacket, coat, raincoat, trousers, shoes, socks, boots, shirt, sweater, etc.
>
> book, umbrella, bag, watch, glasses, notebook, pencil, pen, handkerchief, towel, bicycle, etc.

©iStockphoto.com / Alex Star

活動例：（くまの絵かぬいぐるみを生徒に示し、帽子やコートを見せながら）

> T: It's warm today. Should the bear put on a winter coat today?
> 　（コートを着せようとして）
> S: No.
> T: Well, should the bear put on a jacket today?
> S: Yes.
> T: Who will put the jacket on the bear? You?
> S: Yes.
> T: You will put the jacket on the bear. Come on.

こうして、さまざまな身の回りの物を増やしていきます。教室にそのような服や物を置いておく、あるいは、絵や写真のカードを置いておくだけで、どのように表現するのか、生徒は興

味を持っておぼえようとします。これらをCLILのことばとしておぼえることに生徒が集中します。**このような活動を強制し、意図して「今日のねらいは、○○○」などと決めてしまわないこと**が大切です。

このように、天候や天気とからめて身につけている服や物に関心を持つような活動を徐々に取り入れていきます。さらに、**生徒が着ている服や持っている物のことを聞いたり、互いに話したりすることで語彙が増えていく**のです。

6. 休み時間

生徒には**英語から解放される時間**は必要です。自由にさせましょう。

7. 読書

生徒には静かな読書の時間を取ることが大切です。絵を見ながら静かに好きなように読む時間を設けましょう。また、**「読み聞かせ」は効果的**です。生徒はくり返し読んでくれるように頼むかもしれません。また、読んで、質問して、教師が自ら答えを示すことによって、それをまねて、生徒が答え方を理解するようになります。教師は英語で読み、質問にも英語で答えるようにしますが、生徒は日本語で話してかまいません。自然にまかせることです。

8. 学校でのさまざまな活動を通じて

CLIL指導においては、**学校活動全体を通じて、生徒にCLILのことばを学べる機会**を与えることは大切です。日本では環境的にすべてはむずかしいと思いますが、学校にある多くの設備や場所の表示に英語を併記するだけでよいでしょう。

```
例) トイレ    TOILETS
    教室     CLASSROOM
    職員室   STAFF ROOM
    校庭     SCHOOLYARD
    消火器   FIRE EXTINGUISHER
    など
```

教室だけではなく、学校施設の多くにCLILのことばを見えるように表示することで、学ぶ外国語を意識するようになります。生徒が混乱するという考え方もありますが、多くの国で言語の併用は採用されています。その際、ある意味で子供の頃から**「ことばに対する意識」**が身につ

く指導**が教師には求められるでしょう。

　さらには、昼食、遊びの時間、ことば遊びなど、多くの学校活動でCLILのことばを使用し、生徒の興味関心を引きつけることが大切です。新しいことばは、具体的に絵や写真などと組み合わせる、それをすぐに発音する、ゲームなどで使うことを通して自然におぼえます。**手順の基本は、1）音声、2）身近なことばを見て写す（自分の名前など）、3）生徒の興味に合わせて新しいことばを写す、4）アルファベット全体をおぼえる**、となります。

　このような活動の際に、次のように、毎日のメッセージ（daily message）を提示しましょう。

DAY 1:	Good morning. This is year one. Today is the first school day. I am pleased to meet you. Today is a good day, the first school day.
DAY 2:	Good morning. Yesterday was the first day of school. Today is the second school day. I liked yesterday. What about you?
DAY 3:	Good morning. This is a beautiful sunny day. The sun makes me happy. I like the sun. Today is the third school day. Today we are going to the gym.
...	
DAY 6:	Good morning. Today is the sixth day of school. I am happy to see you all at school again. We have an art lesson after lunch. I like art. I love art. We have a lot to do today. I like it when you have a lot to do. Do you like it too? I have a new book for you. I hope you like the new book.

　このようにして、メッセージをくり返しながら、少しずつ長くしていきます。もちろん、絵やカードなどを提示して文字もおぼえられるようにします。メッセージは教室の壁に貼ります。このメッセージを通じて、数の数え方、語に使われる文字、どの語が何回使われるか、どの語が使われていないかなど、**「ことばに対する意識」**を育んでいきます。生徒がメッセージのことばを使ったり、質問したりするようになれば、それに応じて教師は活動します。

9. 算数につながる活動

　買い物など毎日のさまざまな活動で、数字を使って計算などをしています。グループ分けやカテゴリーに分けるなども算数に関係することです。このような数字を使う要素をCLILの活動の中に取り入れていると、科目として算数を母語で学ぶときにも、**自然に興味を持ち理解できるように**なるでしょう。

活動例

- 数字と数字を表す語をマッチさせる。
- 積木などを数のグループに分ける。
- 持ち物や教室にある物（ハンカチ、かばん、消しゴムなど）を、色、形、機能などにグループ分けする。それでグラフを作る。
- 学校に来る方法（on foot, by bus, by trainなど）、朝食（bread, riceなど）、起床（wake up timeなど）などを生徒に聞いて、それぞれを紙に書いて壁の表に貼る。その数を数えて、どれが多く、どれが少ないかを較べる。
- 教室にあるブロックやカードなどの教材を使って自由に遊ばせる。
- 授業ごとに、日付や数字などといっしょに重要なことを書いて、毎日それを確認できるように、教室の壁に貼っておく。生徒が何回授業を受けたかが分かる。

10. 色などに関する活動

　上記の算数につながる活動を参考に、色などを題材にして周りにある物を描写すると、よい活動ができます。色を描写することで、色の言い方が分かり、関連して物の名称をおぼえることができます。視覚にも訴えるので、**認知的にも効果的**です。

例）　The book is red.　　　　This is a red book.
　　　The pencil is red.　　　This is a red pencil.
　　　The table is red.　　　　This is a red table.
　　　Your shirt is red.　　　　This is a red shirt.
　　　Your bag is red.　　　　This is a red bag.
　　　Your cap is red.　　　　This is a red cap.

11. 授業のおわりに

　その日に学んだことを復習する時間をとりましょう。復習は次の学習につながる重要な時間です。その日に習ったことばなどを復習するだけではなく、その日に、分かったこと、分からなかったこと、楽しかったことなど、生徒の気持ちを表現させるようにしましょう。**自分の学習をふりかえることは、次のステップ**となります。

例）　What numbers did you learn today?　　- Five, six, and seven.
　　　Did you spell them?　　　　　　　　- Yes. They were easy.

What colors did you learn today?	- Yellow, blue, and green.
Did you enjoy today?	- Yes. I had fun.
Do you want to learn more?	- Yes. I want to learn more colors.
Do you feel good?	- Yes. I feel nice.

12. 授業のルールとことばの使用

　学習する上での**基本的なルール**を提示しておくことが大切です。しかし、あまり細かくルールを作ってはいけません。また、途中でルールを変えたりしてもいけません。たとえば、次のようなルールは、生徒が互いに嫌な思いをしたり、騒がしくなったりしないようにするには、とても大切なことです。

We listen to others when they are speaking.	（人が話しているときは聞く）
One person speaks at a time.	（一度に一人が話す）

　母語をできるかぎり使わないようにするための工夫も必要です。「絶対に日本語を話してはだめ!」というようなアプローチはマイナスに働きます。まずは、教師ができるかぎり目標言語（この場合は英語）で接することです。CLILの教師は目標言語を使うことを原則としますが、当然、日本語を使わなければいけない場合が多々あります。そのときは、**日本語を話すルールを決めておく**ことです。ティームティーチングならば分担を決めるようにします。その場合も、どちらの教師も英語を使い、日本語を使わなければいけない場合は、どちらかの教師だけにしましょう。一人で教える場合は、日本語を話すときは、人形を使って腹話術などをするとよいかもしれません。つまり、教師には基本的に英語で話しかけるように促します。日本語を使う場合は限られているという意識づけをすることです。あるいは、「日本語を話す時間」を作り、日本語を話すときと英語を話すときをきちんと分けることが大切です。いずれにしても、生徒に過剰なストレスをかけないようにします。絶対に日本語を使わないとする必要はありません。**必要な場合には日本語**を使いましょう。

13. 小学校でのCLIL授業の特徴のまとめ

　ここで示した小学校の英語活動の特徴をまとめると、次のように整理できます。

多焦点 (multiple focus)	安全で豊かな環境	本物らしさ (authenticity)
・科目内容授業でのことばの学習 ・ことばの授業での内容の学習 ・統合科目 ・科目間のテーマ／プロジェクト	・日常活動の利用 ・ことばと内容の提示 ・生徒の自信を育む ・オーセンティックな教材／環境の利用 ・生徒のことばに対する意識と発達	・生徒のことばのニーズの表明 ・生徒の興味に適合 ・学習と生徒の生活とのつながり
積極的な学習 (active learning)	足場づくり (scaffolding)	協力 (co-operation)
・友達との互いの協力を好きになる	・生徒の知識、技能、態度、興味、経験にもとづく	

認知
・学習は、生徒の持っている知識、技能、態度、興味、経験の上に成立する

文化（コミュニティ）	内容	コミュニケーション
・生徒が学習コミュニティの一員となり、充実感を感じる ・生徒はグループの中で活動する自信と技能を身につけ、自分の関心を他の人とバランスよく共有する ・生徒は、教室の中での自分の役割を理解する	・内容が教室の内外のコミュニティと密接に関連する ・生徒は新しい状況に適応し、活動しながら関連する技能を身につける ・内容の量は多くはないけれども質がある ・さまざまな科目の内容が統合される ・文化的な内容はすべての科目に統合される	・生徒は、授業活動やコミュニケーションに積極的に参加する ・机の配置、教室の壁のディスプレイ、教材などが、学習とコミュニケーションをサポートする ・生徒と教師がともに意味を見直し、意味のやりとりをする ・ことば/コミュニケーション技能はすべての科目で発達する

1.18　CLIL――中学校・高等学校での実践例

　中学校・高等学校での実践は、小学校での外国語学習を前提として考えます。中学校から外国語を学ぶという場合は、小学校での実践例を参考にして、年齢段階に応じて考えれば対応できるでしょう。中学校・高等学校でのCLILの実践は、**生徒が自分でCLILを選んでいるという自覚**が重要になります。動機づけがされていない場合にはCLIL授業は困難かもしれませんが、積極的に参加するように工夫することが重要となります。「英語があまり得意ではないから、CLILは無理」と生徒が考えないようにすることが大切です。英語がペラペラと話せる必要はありません。教師も生徒もCLILの意義が分かっていることが大切なのです。

CLILの最初の授業では、まず、**お互いを知ることが大切**です。授業がどのように進み、どのように授業活動に対処して勉強するのか、どのようなことが授業の中で求められているのかなど、不安を解消して、学習に積極的に参加できる環境を作ります。まず、お互いを知ることからはじめます。条件が許せば、視聴覚室、体育館、校庭など、教室とはちがう環境でCLIL授業をスタートさせるとよいでしょう。**目的は、1) 楽しみを持たせる、2) ストレスを軽減する、3) 互いを知る、4) 必要な情報を与える、5) CLILに関して話し合う機会を与える**、ということが挙げられます。自己紹介の時間は、CLILのことばを使う必要がありますが、話し合いはむずかしいので、無理をせずに、日本語で行なうのがよいでしょう。

　CLILを実践する教師が同僚にもいて、協力関係ができていれば、最初の授業の際にいっしょに参加してもらうと効果的です。どのように学ぶのかを実際に共有することができます。また、CLILのことをよく知っている人が他にいることによりCLILに親しむことができます。いずれにしても、**スタートは最も大切**です。ある程度時間をかけてCLILの意義を生徒に理解してもらうことは、その後の学習に大きな影響を与えます。

　ここでも、英語指導を前提として具体的に活動を考えてみます。

1. お互いを知る

　CLILに限りませんが、外国語授業では**生徒同士の学習コミュニティの形成が重要**となります。CLILでは特に効果的な学習コミュニティが重要な役割をします。生徒同士がお互いを知る活動をいくつか紹介しておきます。

活動例 1)　輪になって座り、まず一人が名前を言う。次にその右隣の人がその人の名前をくり返し、自分の名前を加える。これを続ける。

活動例 2)　上記の活動に、さらに、一つバリエーションを加えて行なう。たとえば、自分の名前の最初の音、あるいは、アルファベットと同じCLILのことばを一つ加える。
　　　　　例) smart Sachiko, mighty Michio, always Aya, tall Toshio, kind Koichi, happy Hanako.

活動例 3)　「～という人を探す（Find someone who ...）」
　次のようなハンドアウトを用意します。

Find someone ...

who has been to other countries
　　e.g. Have you been to other countries?

→次ページへつづく

> who spends at least one hour every day at a computer
> 　　e.g. Do you spend at least one hour every day at a computer?
> who likes football
> 　　e.g. Do you like football?
> whose parents speak another language
> 　　e.g. Do your parents speak another language?
> who wants to be a musician
> 　　e.g Do you want to be a musician?
> who wants to study overseas
> 　　e.g Do you want to study overseas?
> who has seen an extinct volcano first hand
> 　　e.g. Have you seen an extinct volcano first hand?

生徒には次のような指示を提示します。分からない表現があるかどうかを尋ねてから、必要であれば一度読んで、言えるかどうか確認します。全員が理解したら、次のように指示して始めましょう。

> Walk around the classroom and ask questions to find a person on the handout. Write the name of the person who says yes to your questions on the appropriate line. You, the interviewer, can only write each interviewee's name on the handout once. You have ten minutes.

展開の仕方はさまざまです。生徒のレベルや適性や環境を考慮して工夫してください。互いに発表する際は、話が発展してもかまいません。表などにしてまとめてみるのもよいでしょう。

認 知		
・話し合いが分析を進める		
文化（コミュニティ）	内容	コミュニケーション
・一体感／教師もメンバー、パートナー		・本物らしさ（生徒の関心）

2. 話し合い（日本語で）

　学習目標や成果について話しておくことは大切です。生徒は達成される成果を理解しておくべきです。これから学ぶ英語活動に対処できるかどうか、成績はどうか、日本語はどの程度使ってよいのか、どのような支援があるのかなど、生徒は心配します。たとえば、スペリングや文法などの間違いで成績が悪くならないことを生徒には知らせておかなくてはいけません。前もって、そのような**不安を解消しておくと、次第に日本語を使わない**ようになってきます。生徒が日本語を使ったら、それをCLILのことばとなる英語で言い換えることも重要です。そうすることにより、生徒は徐々にどのように英語で言ったらよいのか理解するようになるでしょう。

　ある表現をうまく言い表せない場合には、**コミュニケーションストラテジー（communication strategy）をうまく利用する**ように指導すると効果的です。たとえば、「**遠回しに言う（circumlocution）**」などは役立ちます。

> You don't know how to say 'submarine' in the CLIL language, but how could you get your point across without using your mother tongue? You know the word for 'boat' and how to say 'underwater', don't you?

　話し合いの中で、**さまざまな学習ストラテジー（learning strategy）** にも触れておきましょう。**辞書の使い方、意味を類推すること、質問をすることなど、さまざまな学習上の対処の方法**を指導しておくことが、CLIL授業を始める前に必要です。

認知		
・共通の目標を持つ		
文化（コミュニティ）	内容	コミュニケーション
・安全な環境をつくる ・役割を決める	・学習ストラテジー	・活発な参加を好む

　このような話し合いの中で、**生徒のCLILに対する前向きな態度を育んでおく**ことが、CLIL成功のカギです。次に、具体的に理科のCLIL授業の展開例を示します。中学校高学年から高等学校までを対象と考えてください。

3. 理科のCLIL授業の展開例：Volcanoes（火山）を知る

　授業は60分を想定しています。この授業例は導入と考えてください。この授業の後に、さらに、火山のことを深く知る活動を展開するように設定しています。

活動1：ウオームアップ/導入（5分）

インターネットのYouTubeなどを利用して、ハワイのキラウエア火山などの活火山の映像を見せます。多少の解説がついているとよいですが、見るだけでも多くの情報があり、また、生徒が何を学ぶのかというレディネス（準備）ともなります。

Kilauea Volcano is the most active volcano on Earth at the moment. Kilauea is a shield volcano that rises 4,091 feet above sea level. ...

留意点： 目標となる学習内容に関心を持たせるために、実物、動画、本などの資料を提示する。この場合、英語と日本語をバランスよく提示する。

活動2：自由な発想（5分）

- 映像を見終えたら、生徒に感想を3点ほど英語で紙に書くように指示します。書き終えたらクラスメートに見てもらい、間違いや分かりにくいところを正してもらいます。必要ならば、教師がサポートします。
- 完成したものをクラス全員が読めるように教室に配置し、それぞれ他の人の書いたコメントを読みます。

　例）I want to visit Hawaii.　The active volcano is dangerous.

- 互いのコメントを見て、これから学ぶ火山のことについて、何が分かっていて、何が分かっていないのかを確認します。
- 教師は、生徒のコメントをもとに、ポイントを指摘して、これから学ぶことに対する生徒の興味関心を引き出します。

　例）Japan has many volcanoes. Do you know how many volcanoes are there in Japan? Are there shield volcanoes like Kilauea in Japan? Let's study volcanoes.

留意点： それぞれのコメントを作成する中で、必要な基本語彙を確認し、必要な情報を整理することが教師に求められるので、あくまで生徒の興味関心にそってまとめる。

活動3：学習成果（5分）

生徒に次の表にあるそれぞれの成果目標を確認させます。生徒の意見を聞いて、必要があれば見直します。目的は、これから何を学ぶのかを生徒に明確に理解させることです。CLILでは、生徒に英語の何を学び、活動を通して火山の何を学ぶのかを明確に理解させる必要があります。その観点から、学習成果を授業のはじめに明確に提示します。

本時の生徒の成果目標	
内容	ことば
・火山の知識を明確にする ・火山のタイプと特徴が分かる	・論理的に説明できる ・受動態表現を使える ・火山に関する知識と語彙が適切に使える
学習スキル	
・グループ内で活動がうまくできる ・類似と相違の見極めができる	

留意点： 内容面では、生徒の興味関心に合わせ、ことばの面では、教師がある程度活動を設定し、なぜ「比較」に焦点を当てるかを説明する。必要な語彙は教師が準備する。

活動4：持っている知識の確認（5分）

グループに分かれて、火山についてどのくらいのことを知っているか話し合います。

- 火山のタイプなど火山の知識（volcano facts, including types of volcanoes）
- 噴火の否定的な面（negative consequences of volcanoes）
- 噴火の肯定的な面（positive consequences of volcanoes）

日本語でどの程度のことを知っていて、英語でどの程度のことを知っているのかを分けて考えてみるのもいいでしょう。たとえば、火山の種類は日本語で知っていたとしても、英語でなんと言うかは知らないでしょう。また、噴火（eruption）がもたらす影響は多様です。日本は火山国ですから、身近な火山について話してみるものいいでしょう。

留意点： 日本には、桜島、浅間山、伊豆大島三原山など、たくさんの活火山があるので、教師が身近な例を提示して、話題を与え、興味関心を引き出す。

活動5：火山についての知識を読み取る（20分）

火山についてどの程度の知識があるのかを生徒自身が確認したあと、英語で書かれたテクストを読みます。必要に応じて、語句注などを与えてもかまいませんが、オーセンティックなテクストを読みとることが大切です。発音や訳にこだわることなく、書かれている内容を読み取ることに集中させましょう。
生徒に次のように指示します。

- 個人で静かに読む
- 内容の要点についての質問に答える
- 読みながら、図や表などを作成する

読む際には、次に示すテクスト分析の観点に学習者が自分で気づくことが大切です。しかし、生徒がすぐに気づかない場合には、教員がアドバイスすることも必要です。

テクスト例

Volcanoes

Introduction
Volcanoes form when **magma** reaches the Earth's surface and cause **eruptions** of **lava** and **ash**. They occur at **destructive** and **constructive plate boundaries**. The immediate effects of volcanic eruptions can be devastating, but they may be beneficial in the long term.

Facts:
Key things about volcanoes:
- Volcanoes are formed by eruptions of lava and ash.
- Volcanoes are usually cone shaped mountains or hills.
- When magma reaches the Earth's **surface**, it is called lava. When the lava cools, it forms rock.
- Volcanic eruptions can happen at destructive and constructive boundaries, but do not at conservative boundaries.
- Some volcanoes happen underwater along the seabed or ocean floor.

Volcano formation
- Magma rises through cracks or weaknesses in the Earth's **crust**.
- Pressure builds up inside the Earth.
- When this pressure is released as a result of plate movement, for example, magma explodes to the surface, causing a volcanic eruption.
- The lava from the eruption cools to form new crust.
- Over time, after several eruptions, the rock builds up and a volcano forms.

Inside a volcano

- The **magma chamber** is a collection of magma inside the Earth, below the volcano.
- The main **vent** is the main outlet for the magma to escape.
- Secondary vents are smaller outlets through which magma escapes.
- The **crater** is created after an eruption blows the top off the volcano.

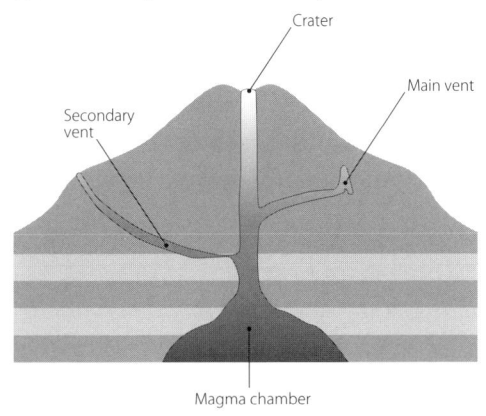

An eruption occurs when pressure in the magma chamber forces magma up the main vent, towards the crater at the top of the volcano. Some magma will also be forced out of the secondary vent at the side of the volcano.

Different types of volcano

Volcanoes can be described in terms of activity and can be:

- Still **active** (regular activity) and erupt frequently.
- **Dormant** (recent historical activity but now quiet).
- **Extinct** (no activity in historical times and unlikely to erupt again).

Volcanoes can also be described by their shape or type: e.g.

Shield volcanoes

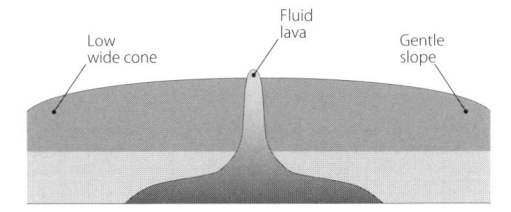

- Shield volcanoes are usually found at constructive boundaries.
- They are low and broad with gently sloping sides.
- They are formed by eruptions of thin and runny lava.
- Eruptions tend to be frequent but relatively gentle.

Composite volcanoes
- Composite volcanoes are made up of alternating layers of lava and ash.
- They are usually found at destructive boundaries.
- The eruptions from these volcanoes may be a **pyroclastic** flow rather than a lava flow.
- A pyroclastic flow is a mixture of steam, ash, rock and dust.
- A pyroclastic flow can travel at very high speeds and with **temperatures** of over 400°C.

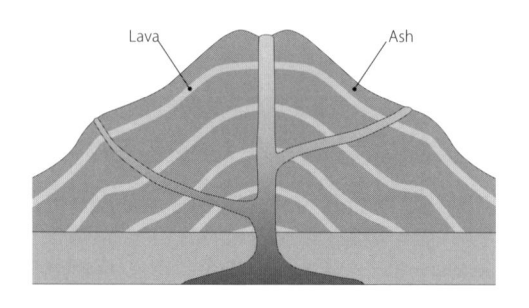

Lava　　Ash

テクストの分析
- Introductionはテクスト内容と関連しているか？
- キーになる考えが強調されているか？
- Factsは火山についての必要な情報を提供しているか？
- Volcano formationは、火山の成り立ちを説明しているか？
- Inside a volcanoは、火山の構造を説明しているか？
- 火山の種類の情報は適切か？
- 図は適切か？
- 内容に興味を持てるか？
- ことばは分かりやすいか？

留意点： 訳読にならないように、内容面の理解に焦点を当てる。辞書などの使用はもちろんかまわないが、教師があらかじめサポートする。発音確認のための音読は必要であるが、一斉に読むようなことはしなくてもよい。

活動6：ふり返り（確認）（15分）
テクストを読み終えたら、グループを組んで、火山の基本知識、構造、種類をそれぞれまとめるように指示してください。

1. 火山の基本知識と構造グループ
2. 火山の種類（盾状火山）グループ
3. 火山の種類（複合、成層火山）グループ

それぞれのグループは、特徴や共通することなどをまとめて紙に書き出します。その際に「受動態」の表現に注意するように指示します。たとえば、

> Rocks are formed from magma.
> Many volcanoes are found in Japan.

留意点： テクストに書かれている項目の要点を生徒がノートにまとめる。その際、図や表を使い、箇条書きでまとめるように指示する。また、次の学習につながるように、まとめている際に疑問点が出てきたら、メモしておくように指示する。

活動7：達成度のチェック（5分）

授業のおわりには、達成度がどの程度であったかを互いにチェックする時間を取ります。自己評価することは「学習者の自律」を育てます。また、互いを比較することにより、自分と他者との認識の違いにも気づきます。これはCLILにとっても大切な気づきとなります。

例） We have learned some facts about the volcano, but I don't know much about it. I would like to study a lot more about the volcano, especially volcanoes in Japan.

留意点： この次の時間までに、まとめたことを発表するように指示して、火山についての資料を集めてくるように宿題を出す。達成度のチェックは、互いの意欲を引き出すために必要。

4. 中学校・高等学校でのCLIL授業の特徴のまとめ

ここでの活動の特徴をまとめると次のように整理できます。

多焦点 (multiple focus)	安全で豊かな環境	本物らしさ (authenticity)
・科目内容授業でのことばの学習 ・ことばの授業での内容の学習 ・統合科目 ・科目間のテーマ/プロジェクト ・日常活動を利用した学習プロセスの省察	・日常活動の利用 ・ことばと内容の提示 ・生徒の自信を育む ・オーセンティックな教材/環境の利用 ・生徒のことばに対する意識と発達	・生徒のことばのニーズの表明 ・生徒の興味に適合 ・学習と生徒の生活とのつながり ・最新の教材の利用

→次ページへつづく

積極的な学習 (active learning)	足場づくり (scaffolding)	協力 (co-operation)
・生徒が教師よりもコミュニケーションする ・生徒が学習成果を定める ・生徒が学習成果に見合う進歩を評価する ・友達との互いの協力を好む ・意味をやりとりする ・教師は学習を促進する役割をする	・生徒の知識、技能、態度、興味、経験にもとづく ・ユーザーフレンドリーに情報を再加工する ・異なる学習スタイルに応える ・創造的で批判的な考えを養う	(CLIL教師と科目教師との協同授業)

認知
・内容、ことば、学習スキルの成果は生徒との協力で明確になる ・学習は、生徒の持っている知識、技能、態度、興味、経験の上に成立する ・生徒が、一人であるいは仲間や教師と学習成果を分析して新しい目標を設定する ・生徒は、他の授業で学んだ知識や技能を総合し、評価し、利用する

文化（コミュニティ）	内容	コミュニケーション
・生徒が学習コミュニティの一員ということで充実感を感じる ・生徒はグループの中で活動する自信と技能を身につけ、自分の関心を他の人とバランスよく共有する ・教師、生徒（または管理職など）は教育のパートナーとなる ・生徒は、教室、地域、広い社会の中での役割を理解する	・内容が教室の内外のコミュニティと密接に関連する ・生徒は新しい状況に適応し、活動しながら関連の技能を身につける ・内容の量は多くはないけれども質がある ・さまざまな科目の内容が統合される ・文化的な内容はすべての科目に統合される	・生徒は、授業やコミュニティに積極的に参加する ・机の配置、教室の壁のディスプレイ、他の教材が学習とコミュニケーションをサポートする ・生徒と教師がともに意味を見直し、意味のやりとりをする ・ことば/コミュニケーション技能はすべての科目で発達する

1.19 まとめ

　CLILの授業は、こうしなければいけないという形はありません。ここで紹介した小学校と中学校・高等学校の展開例はほんの一例です。状況に応じて多様な授業活動が可能です。その際、CLILの4つの公理、

> 認知、文化（コミュニティ）、内容、コミュニケーション

をいつも頭に置いて授業や学習を考えることが大切です。

　学習者は結局自分で学ばなければいけません。学習をどう認知しているのかは人によって違います。その**認知のプロセス**を考慮することが大切です。また、学習者は、**ある文化（コミュニティ）の中で**学びます。学習者同士の協力が必要です。特に外国語学習には欠かせない要素です。さらに、学習者は考えることを通して、単にことばだけではなく、**科目内容を学ぶ**のです。内容に興味を持つことで、ことばが自然に必要になります。内容を学ぶ際にはことばが必要だからです。さらに、学んだ内容がさらに機能するためには、ことばによる**コミュニケーションが必要**になるのです。

　CLILの授業では、認知、文化（コミュニティ）、内容、コミュニケーションという4つの公理を、うまく働かせることが大切になります。学ぶ対象となる外国語を使って指導することは原則ですが、必ずしも、外国語を使って授業をすることだけに固執する必要はありません。大切な点は、**学習者である生徒が外国語を必要に応じて自然に使うこと**です。無理をして外国語を使うことを強いても苦痛になるだけかもしれません。その場合、学習者によってはマイナス効果となります。この点には注意する必要があるでしょう。生徒が日本語を使っていても注意せずに、教師は可能なかぎり外国語を使うことが、基本です。

　その点、ネイティブスピーカー教師は適していると考えられますが、彼らがベストとは言えません。彼らは目標言語学習だけを意識してしまい、内容を易しくしてしまう可能性があるからです。内容をおろそかにしてしまうとCLILの利点は発揮されないでしょう。**日本語が分かり、日本人の文化（コミュニティ）というものを理解していること**も重要です。環境が許せば、**科目内容の教師とことばの教師がティームティーチング**をすることはとてもよい方法なのです。

　次章から、CLILの実際について、ヨーロッパ、アジアなどの現状を理解し、さらに、日本の事例を紹介します。それを受けて、どのようにしたらCLILがうまく進められるのか、学習者のCLIL学習への意欲をどのように喚起するのかなどについて説明します。さいごに、具体的なアイディアを提示することにより、CLILの理解が深まり、実践に向けて、どのようにCLIL授業にアプローチするのかが理解できるでしょう。

第2章　ヨーロッパでのCLILの実践

　CLILはEUの言語政策の一部です。政策的に実施されていることを忘れてはいけないのですが、それでもかなり効果的に実践されるようになっています。その政策の目的は、EU市民の移動の促進、共同学習プログラムの計画、ネットワークの整備、情報交換、生涯学習などを通じて、教育の質を高めることにあります。言語がこのような活動の背景にあって一つの基盤として機能しているので、多言語状況の中で生活を営む市民は教育の機会を均等に享受できるのです。

　EUの言語政策は、多言語を推進し、EU市民が母語に加えて2言語を話せるようにすることを目標としています。2002年のヨーロッパ理事会で提出された「子供のときから2種類の外国語が教えられるべき」とういう要求にも従っています。

　このような言語政策を受けて、ヨーロッパ委員会（European Commission）は、**CLILを推進することのメリット**として、次のことを挙げています。

- 文化間知識理解を深める
- 文化間コミュニケーション技能を高める
- 言語能力とオーラルコミュニケーション技能を向上する
- 多言語への興味と態度を育む
- 学習者を目標言語により多く触れるようにする
- 異なる視点で科目内容を学ぶ機会を与える
- 特別な授業時間を要しない
- 科目内容と競合するのではなく、互いに補完し合う
- 授業実践の方法と形態を多様化する
- 科目内容とことばの両面において学習者のモティベーションを高める

　ヨーロッパでCLILが推進される背景には、CEFRを基盤とした言語政策があることを忘れてはいけません。その点を理解して、次にいくつかの事例を紹介しておきましょう。ここで紹介する事例は、CLIL実践の一部に過ぎませんが、事実です。

2.1　ヨーロッパのCLIL普及の概要

　EUにおけるCLILの普及について、まず触れておきましょう。政策的には、基本的な理念としてそれぞれの国の言語が尊重されています。2010年の段階で23言語が公式言語とされていますが、実質的には、英語が重要な位置を占めています。CLIL推進の背景には、「母語+2言語」という政策があります。それとともに、CEFR推進のカギとなる**ELP (European Language Portfolio) (ヨーロッパ言語ポートフォリオ)** が、大きな役割を担っています。ELPは、学習者の自律学習を支援するプログラムで、**言語パスポート (language passport)、言語履歴 (language biodata)、記録 (dossier)** という3種類の学習者の言語学習の証拠となるポートフォリオを、学習者が自分で管理し、学習を自律的に進め、学習や仕事を進めていく上で、自身の言語能力をEU内で示すことを目的としたものです。

　ヨーロッパ学校言語教育基本調査 (Key Data on Teaching Languages at School in Europe 2008) によると、**CLILはほとんどのヨーロッパの国の教育の中に組み込まれている**と報告されています。実施状況はそれぞれの国で異なりますが、学校教育の中で実施している国は、次のとおりです。

実施している国
ベルギー（フランドル地方を除く）、ブルガリア、チェコ、デンマーク、ドイツ、エストニア、スペイン、フランス、アイルランド（一部実験段階）、イタリア（一部実験段階）、ラトビア、リトアニア（一部実験段階）、ルクセンブルク（すべての学校で実施）、ハンガリー、マルタ（すべての学校で実施）、オランダ、オーストリア、ポーランド、ポルトガル（実験段階）、ルーマニア、スロベニア、スロバキア、フィンランド、スウェーデン（一部実験段階）、英国、ノルウェイ
実施していない国
デンマーク、ギリシャ、キプロス、アイスランド、リヒテンシュタイン、トルコ

（ヨーロッパ学校言語教育基本調査 (Key Data on Teaching Languages at School in Europe 2008)による）

　多言語社会のヨーロッパでは、CLIL授業で実施していることばの組合せも多様です。マイノリティ言語も含めると相当な数のことばが使われていますので、CLILの実施形態も多様であることが予想されます。その実態は正確には分かっていませんが、**CLILがヨーロッパ全体に浸透している**ことは理解できるでしょう。

　ヨーロッパの言語事情は日本とはもちろん違います。上記の基本調査によれば、15歳の子供の7%が学校で使われることば以外のことばを家で話し、移民の子供にはことばのサポートが必要で、外国語教育は早期に始まる傾向があると報告されています。しかし、外国語教育の占め

る割合は総授業時間数の10%に満たない国がほとんどとなっています。それでもカリキュラム上は、初等教育では母語以外に2言語を学べる環境となっていて、中等教育では58%の生徒が2言語以上学んでいます。また、大半の国がCEFRの6レベルを評価に使うようになり、学ばれている言語は、英語、フランス語、ドイツ語、スペイン語、ロシア語が全体の95%を占めています。その中でも、英語は圧倒的で、ほとんどすべての学校で学ばれています。英語は、高校生の約90%が学び、ドイツ語やフランス語がそれに続きます。さらに、ラテン語も学ばれ、地域言語やマイノリティ言語がCLILで学ばれることもあります。**このように、英語は中心的に学ばれていますが、決して英語だけが学ばれているわけではありません**。それに較べると、東アジアに位置する日本は、英語一辺倒で、中国語や韓国語が教えられることはまれです。

2.2　CLIL推進の動き

　EU統合の目的達成のために言語政策は重要です。実質的に英語が圧倒的に機能し、活用されている中で、EUはそれぞれのことばを尊重しています。すばらしい理念ではありますが、実際はむずかしいことです。しかし、それを実施しようとする一つの工夫がCLILの推進なのです。CLILは、1990年代からプロジェクトを組み、研究され、実験的に実施されてきました。ことばの組合せも多様です。その背景には、政治的経済的な課題、移民の問題、また、都会を中心にした多言語多文化環境の広がりがあります。CLILは、バイリンガル教育やイマーションなどを表して総称的に使われています。そのためにかなり多様な形態を可能にしています。指導する教師の資格も明確ではありませんが、多くの国では、各学校で判断し、**CLIL指導が可能な教師によりCLILが実施**されています。

　CLILの研修は、早期外国語教育の進展と同調しています。つまり、**CLILは早期外国語教育の指導法の一つ**と考えられているからです。ヨーロッパでも、小学校外国語（主に英語）教育は、小学校の教師によって指導されるのが基本です。これは多言語状況とかかわっているので、日本と同じに扱うと誤解が生じます。小学校での科目や活動を意識した外国語教育は、小学校の教師にとってはある面で興味深い指導法となっているのです。このような**CLILの視点は、教員養成や研修内容にも反映**されています。

　「母語＋2言語」の政策は、初等・中等教育で推進され、多言語状況も背景となり、教師にもその能力が必要となります。外国語教員養成課程では、目標言語が使われている環境での生活期間を課す場合もありますが、ヨーロッパの状況を考えると、ほとんどの外国語教員が当該言語を実際に使う学習あるいは生活体験をしています。日本の状況で考えると想像しにくいですが、距離的にも近いので教師になる以前にさまざまな言語に触れる体験をしていることが多いので

す。それでも、小学校の教員の多くが外国語を指導できるはずはありませんので、当然、スペシャリストに頼る傾向は否定できません。

　いずれにしても、初等・中等教育で、**CLILを教えられる素養のある教師が多くいる**のです。明確にCLILの資格を提示している国はいくつかありますが、ポイントは、

> **CLILのことばで科目内容を教えられるか？**

です。そのために、たとえば、ポーランドでは、CEFRレベルでB2以上のCLILのことばの能力を科目教師に要求しています。このように、科目教師に必要なCLILのことばの能力の証明を課す傾向が現在あります。しかし、CLILを推進するためにはそれだけでは十分とは言えません。**CLIL推進の課題の一つは教員養成**です。CLIL指導法を理解する教員を養成することが急務なのですが、CLILは徐々に浸透し、多くの教師がCLILを実際に行なっています。その実態のすべてを把握することはできないので、ここではいくつかの実例を具体的に紹介します。

2.3　フィンランドの取り組み

　フィンランドの教育は、PISAの学力調査（読解リテラシー、数学リテラシー、科学リテラシーの3種類の学力測定）で注目され、高く評価されるようになりました。その理由は、**フィンランドの教師の質の高さと家庭の教育力**にあると言われています。フィンランドは、フィンランド語の他に、スウェーデン語を公用語としています。これには歴史的な背景がありますが、スウェーデン語を話す地域以外では学校で教えられる程度で、実質ほとんどの人は使いません。それよりも英語学習の意欲が圧倒的に高く、ほとんどの生徒が熱心に学び、学習や仕事で使えるかどうかは別にして、高校卒業時までには、ある程度話せるようになっています。

　英語は、小学校から指導されています。日本と較べると、クラスは少人数（約20人前後）で、英語を教える教師の英語力も高い。英語は、英語を専門とする教師や小学校教育を専門とする教師が教えます。どちらの場合も、英語力や指導する知識や技能がなければ教えることはありません。フィンランドに「フィンランドメソッド」といわれるような指導法はありません。教え方の基本は、**学習が着実に行なわれる環境を提供すること**です。この姿勢は、CLILの授業でも変わりません。

　フィンランドには、国として定めた**National Core Curricula（Curriculum）**というカリキュラムがあります。その中で外国語のカリキュラムが定まっています。日本の学習指導要領よりも実践的で到達目標が明確です。**Language Proficiency Scaleという9段階の言語能力**を示す記述を拠り所として、教師の裁量で指導が行なわれています。何をどう教えるかの道筋は教師が容

易に判断でき、どのような能力を生徒が身につければよいのかも比較的明瞭です。その点から、CLILは導入しやすい指導法と言えます。

CLILを実施している学校は、フィンランドでは決して多くありません。1996年頃には実験的に多くの学校が導入を図りましたが、その後は減少しています。2005年の調査では、高校までの学校全体の授業で占めるCLIL授業の割合は5.6%です。しかし、CLILとは言えないまでも、**CLIL的なアプローチをしている場合**もあります。つまり、内容重視で行なっている英語授業がCLIL的なアプローチで行なわれています。背景には、指導言語としてどのことばを使ってもよいという法律に基づいている点と、National Core Curricula (Curriculum) が大きく影響しています。外国語に関して次のように書かれています。

> Instruction in foreign languages will develop students' intercultural communication skills: it will provide them with skills and knowledge related to language and its use and will offer them the opportunity to develop their awareness, understanding and appreciation of the culture within the area or community where the language is spoken. (外国語指導は生徒の文化間コミュニケーション技能を高めることを目的とする。つまり、ことばとその使用に関する技能と知識を向上し、ことばが話される地域の文化の意識、理解、考え方を深める機会を生徒に提供する。)

(National Core Curriculum for Upper Secondary Schools 2003, 2003; p.102)

このことを前提として、外国語力の到達目標が4技能で示されています。教師はそれを踏まえて授業をします。**教える内容として決められているのはテーマ**です。多くの生徒が学ぶEnglish Aでは次のようにテーマが設定されています。

1. 若者と世界 (Young people and their world)
2. コミュニケーションと娯楽 (Communication and leisure)
3. 学習と仕事 (Study and work)
4. 社会とその周辺世界 (Society and the surrounding world)
5. 文化 (Culture)
6. 科学、経済、技術 (Science, economy and technology)
7. 自然と持続可能な発展 (Nature and sustainable development)
8. グローバル化と国際化 (Globalisation and internationalization)

このような**テーマ設定の基盤にはCLILの考え**があります。つまり、教師が授業で内容を扱う

ことに焦点を当てるように促しています。語彙や文法などのことばの知識や、「読む、聞く、書く、話す」という技能にばかりとらわれないようにしています。

　フィンランドでは、これまでさまざまなCLIL実践の事例が報告されています。その中でもCLILに特に熱心に取り組んでいる地域はユバスキュラとバーサです。二つの地域は早くからCLILに関心を持って取り組んできました。ここでは、その地域の一つで、フィンランドでもスウェーデン語を話す生徒が多い地域にあるバーサの学校を紹介します。実際にどのようなCLIL指導が行なわれているかは、実際に訪れた学校の授業内容をもとに説明することで、より具体的に理解できると考えます。

2.4　バーサ教員養成学校のCLIL

　バーサ教員養成学校はスウェーデン語を第1言語とする学校です。また、フィンランド語とともに英語も指導言語としています。小学校から高校までの課程があり、高校課程は、国際バカロレア資格（International Baccalaureate）に対応しています。また、Åbo Akademi Universityの教員養成課程の学生が実習をするための教員養成の実習校でもあります。バーサには、スウェーデン語を第1言語とする人たちが多く住んでいます。歴史的にスウェーデン語も公用語で、フィンランドの人口の5.5%がスウェーデン語を母語としています。バーサ教員養成学校はその面から特徴のある学校で、英語を重視した教育を展開しています。

　バーサでは、CLILに早くから関心を示して、積極的に導入しました。その背景には、スウェーデン語を話す人が多いという地域性もあったのかもしれません。学校全体としてことばに対する意識を大切にしている印象を受けます。バーサ教員養成学校では、朝の集会や学校行事の中でも、英語がふつうに使われています。CLILの理念に則って教育が行なわれ、学校全体で英語を使う環境を整えています。この学校に、Åbo AkademiUniversityのMikaela Björklund氏の紹介で、2008年11月と2010年8月に二度訪問する機会がありました。Gun Jakobsson校長を先頭にさまざまな教育活動に熱心に取り組んでいる学校という印象です。ここでは、その訪問の際に参観した小学部での歴史の授業と中学部での理科の授業をもとに、フィンランドのCLILの実際を紹介します。

1. 小学5・6年生の歴史の授業

　小学部は、2学年が1クラスとなる小規模学校です。訪問した日の朝、Heimo Oksanen氏と同僚の教師たちは、いつものように8時20分に全生徒を講堂に集めて朝の会（morning assembly）を行ないました。その日の連絡と英語による簡単なエピソードです。生徒はスウェーデン語を

使ったり、英語を使ったりしています。話の内容はほぼ理解しているようです。10分ほどで朝の会が終わり、授業に入りました。教師は終始英語で話していますが、生徒はスウェーデン語が多いようです。クラスは20人です。授業はバーサの歴史の導入段階の内容です。17〜19世紀のバーサについて、ヨーロッパの近隣の諸国との関係なども含めて理解しようというものです。教師は、ごくふつうに英語で話しています。生徒は、理解できない場合は英語で質問します。

　この日の授業は、特別に何かを準備し、作成するという内容ではありません。生徒とは対話形式で授業を進めています。教師が説明し、質問し、それに生徒が答える、という単純な授業です。しかし、**生徒は、実によく答え、質問します**。生徒は教師の言うことがほぼ分かっているようですが、生徒が英語でうまく答えることができなかったり、分からなかったりするときは、スウェーデン語になります。Heimo Oksanen氏は授業中に基本的に英語を使います。

　上の写真は、スウェーデンやロシアに支配されていたバーサの歴史を、地図を見ながら説明しているところです。ヨーロッパ全体の当時の様子に話が及んでいます。小規模な学校ですので、クラスは固定です。教室には、主に英語でさまざまな生徒の作品や授業資料が掲示されています。この教室が生徒のホームルームですが、教室から出ると図書が置いてあり、本を読んだり、絵を描いたり、何かを作成したり、と多様な活動ができるようになっています。

　授業中の様子をよく見ると、20人全員が英語をよく話すわけではないことに気がつきます。よく話し、質問する子は決まっています。他の子は聞いています。しかし、分かっていないのではなく、**自分の関心や自分の学習スタイルにそって授業に参加している**ようです。ときに注意が散漫になる場面もありますが、学習に意欲のない子供はいません。教師も無理に生徒に英語を話させようとしたり、活動をさせたりすることはありません。生徒がスウェーデン語で話すことも制止したりしません。この日は、黒板と地図を使っての授業でしたが、次の授業では、発展的な活動をする計画となっています。しかし、CLILということで、何か特別な授業をするという認識は、教師のHeimo Oksanen氏にも生徒にもないようです。フィンランドで見るフィンランド語の他の授業のアプローチとあまり変わらない印象を受けました。

　この授業のほかにも、生徒の学習の様子を参観し、また、数人の教師とも話しました。CLILアプローチは、この歴史の授業と同様、学校教育全体に行き渡っていることがよく分かりました。ポイントは、**「生徒の学習を支援する」**ことであり、**「生徒の学習意欲を引き出す」**ことです。スウェーデン語とフィンランド語は公用語で、英語は将来を見据えたことばです。学校ではこ

とばや文化間能力の育成に力を入れ、教師は、学習者の自律学習を支援するというスタンスをとっています。英語で授業をすることで、ことばの混乱や学習が滞るという懸念が聞かれますが、そのような点はほとんど感じられません。生徒は読書の時間には、スウェーデン語の本もよく読んでいました。放課後には、親が迎えに来る時間まで図書室に残り、友達同士で宿題をしている光景も見ました。

2. 中学校での生物の授業

次に、中学校3年生(9年生)の生物の授業を紹介しましょう。生徒は9人です。Joachim Hofman氏は、英国のGCSE用の教科書を使って、英語で授業をしています。また、インターネット環境も整っていて、教材をそこから取り出して適宜使用しています。生徒は日常的な内容であれば、問題ない程度に英語を使えます。教師の英語をほとんど理解し、自然に英語を使っているという印象です。

この日の授業は、ダーウィンの進化論(evolution)の授業です。教師は、まず、前回の復習から始めます。「What is the main idea about evolution?」と生徒に尋ねます。生徒はそれについて答えます。それに基づいて、下の写真のようにダーウィンの生い立ちについて話します。それをきっかけとして、「種の起源」について具体的な例を出しながら説明し、授業を進めます。生徒はプリントなどの資料やプロジェクターの映像を見ながら、必要なことをノートに書き留めていきます。授業で使われている用語は、procaryotes (bacteria) (原核生物)など、かなりむずかしいのではないかと思われますが、生徒は用語についてのスウェーデン語の意味などについては尋ねません。そのまま理解してしまうようです。**生徒は、ほぼ内容に集中している**のです。

授業は、小学部の授業と同様で、特別な活動が行なわれているわけではなく、指導言語が英語になっているだけです。しかし、教師は、生徒の英語力を把握し、**ことばや教材に気を使っていること**が分かります。ここでも、生徒がスウェーデン語を話すことを禁止したりする態度はまったく見られません。授業の終わりには、生徒一人ひとりの学習を見ながら、個々の質問に答えています。その際も、生徒がスウェーデン語で質問しても、先生は英語で答えています。

次ページの写真は、サメの骨の話をしているところです。これらの話を聞いて、生徒はプリントにある質問を自分で考えます。Joachim Hofman氏の英語はネイティブ・スピーカーのように流暢ではありませんが、分かりやすい英語です。Heimo Oksanen氏と違い、英語教師ではなく、生物の教

師です。ことばへの配慮に対するアプローチはことばの教師とは違いますが、生徒は、それを気にしていません。ほぼ生物の内容の理解に集中して、考えています。

生徒にタスクなどの活動を行なわせるわけではなく、授業のほとんどが、説明を聞いて、資料を読んで、資料にある問いを考えるという、受動的な活動です。しかし、生徒は内容に興味を持ち、必要な質問には答え、分からないことはきちんと質問するというように、**学習がよく行なわれている**という印象を持ちました。最後には、宿題も出されています。

Joachim Hofman氏は、国際バカロレアの授業を担当し、英語で授業をすることには何も問題はないようです。また、生徒は授業内容をよく理解し学習しているという印象を強く持ちました。それは、小学部からの積み重ねによるものです。小学部からCLILの授業をずっと受けてきているわけですから、CLILアプローチに対しては抵抗がないのでしょう。

3. 中学校での化学の授業

Karl-Johan Jansson氏の化学の授業は実験です。白板に「Neutralize a base with an acid（酸で塩基を中和する）」と書いて授業を始めました。生徒は中学校2年生（8年生）18人です。一人が遅れて授業に来て、一人が早く帰りました。少し騒がしく、元気のよいクラスですが、教師が酸の中和について説明を始めると、生徒は説明に耳を傾け、質問されると、手を挙げて答えています。授業は昼食をはさんで行なわれます。昼食の前に、実験の目的や方法などを説明します。それを理解し、昼食後はグループに分かれて実験です。フィンランドでは、授業も昼食も無料です。授業のあいだに食事をはさむことは、日本ではあまりありませんが、ふつうに行なわれているようです。この授業では、むずかしい用語は使われず、生徒は教師の説明をほぼ理解しているようです。

右の写真は、教師が実験のやり方を英語で説明しているところです。授業はすべて英語で行なわれます。生徒も自然に英語を使っていますが、スウェーデン語もふつうに使われています。生徒の英語には、多少発音などに問題もあるようですが、教師もあまりその点は気にしていないようです。やはり、学ぶ内容が大切ですので、**生徒の関心は**

化学実験の意味や方法にあります。

NaOH	+	HCL	→	NaCL	+	H$_2$O
Sodium hydrooxyde		Hydrochloric acid		Sodium chloride (salt)		water

　昼食後は、実験着を着て早速実験です。教師はずっと英語で通していますが、生徒同士で話すときは、スウェーデン語になっています。それでも時に英語が聞こえてきます。ここでも、無理強いはしません。自然に任せています。その背景には、やはり、学校全体で英語を使う環境を整えているということがあります。生徒に尋ねても、英語だからむずかしいという感想は聞かれません。英語であろうと、スウェーデン語であろうと、フィンランド語であろうと、学ぶ内容に変わりがないからです。

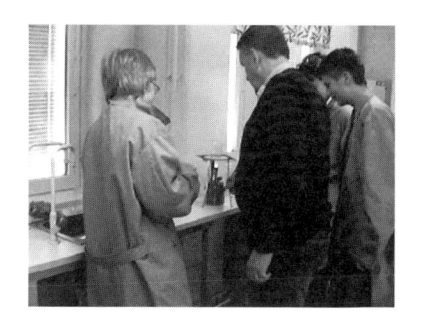

　授業は多くの科目が英語で行なわれ、英語で学習しているのがふつうになっています。Karl-Johan Jansson氏のCLILアプローチも、単に化学を英語で教えているようにも見えます。ことばにあまり配慮しているようには見えませんが、授業で使っている英語をよく聞いてみると、生徒に分かりやすく自然に話していることが理解できます。つまり、**CLILのことばとして分かりやすい英語**あるいは必要な英語を話しています。

4. 共通するCLILの特徴

　ここで紹介した3人の教師は英語に堪能で、CLILの授業をすることに積極的です。しかし、学校全体がトライリンガル教育を行なうという体制になっていて、国際バカロレアに対応している点が、授業内容にも大きく影響しています。紹介した授業は、授業自体にそれほどの工夫があるわけではありません。ごくふつうの授業ですが、それが**自然に成り立っている**という点が重要です。

　CLIL授業自体の構成は、他の授業の構成と基本的に同じであるという点に特徴があります。フィンランドの教師は、一般的に、生徒の学習を大切にします。意欲のない生徒は意欲が出るまで待ちます。授業自体のルールは厳しく、発言は手を挙げて、指名されるまで話してはいけません。授業に遅れたりした場合は、許可なく教室には入れません。指導言語が英語になっても、このような**ルールはほとんど変わらない**のです。

　バーサ教員養成学校は、スウェーデン語を第1言語とする学校で、フィンランドでも特徴の

ある学校です。この事例を一般化することは避けなければいけませんが、ふつうの英語の授業でも、英語で授業をすることはかなり定着しています。また、英語の授業だからと言って、楽しく活動をするというものではなく、文法などのドリルもしっかりとやります。CLIL指導資格があるわけではありませんが、総じて、CLILを指導する環境は整っているのではないかと考えられます。

　ここで紹介した3つの授業に共通することをまとめておきましょう。小学校教師であるHeimo Oksanen氏の小学校の歴史の授業、国際バカロレアの指導をするJoachim Hofman氏の生物の授業、経験豊かなKarl-Johan Jansson氏の化学の授業は、どれもCLIL授業としてはすばらしい授業です。しかし、それはフィンランドの教育に根ざしています。彼らの**CLIL授業の特徴**は、次の5点に集約されると考えられます。

- 自然に英語を使っている（文化〈コミュニティ〉）（認知）
- 生徒がスウェーデン語を使うことを気にしない（コミュニケーション）（認知）
- 先生はつねに英語を使う（コミュニケーション）（内容）
- 生徒の思考を大切にする（認知）
- 特別なタスクを設定していない（内容）（文化〈コミュニティ〉）

　この5つのポイントは、第1章で提示されたCLILの4つの公理と関連しています。特に、特徴的な点は、生徒の思考を重視している点です。授業では教師はパフォーマンスや目新しい活動をするわけではありません。しかし、**生徒一人ひとりはよく考え勉強**しています。生徒は、授業中は耳を傾けていることが多いですが、必要があれば必ず質問するし、答えます。英語は理解しています。これが小学校低学年から浸透しているので、生徒はそれが自然だと思うわけです。特に、Joachim Hofman氏の生物の授業でその点が顕著に見えました。内容もかなりむずかしいのですが、ノートもきちんと取り、課題もこなし、教師とのやりとりも必要に応じて英語で適切に行なわれていました。これから国際バカロレアのコースに入る意識をしっかりと持っていることがよく分かります。

2.5　イタリアの取り組み

　イタリアの教育は、同じヨーロッパでも、フィンランドとは大きく異なります。フィンランドの教育は世界的にも注目されていますが、イタリアは地域により差があります。特に、北と南では大きく違うと言われています。しかし、ヨーロッパ全体の流れに伴い、英語教育には力

が注がれるようになっています。

　イタリアは、幼稚園（scuola maternal）が3歳から5歳、小学校（scuola primaria）は6歳から5年間、その後中学校（scuola media）が3年間、さらに、高校（scuola superiore）が5年間という学校教育システムが基本となっています。義務教育は、6歳から16歳までの10年間です。授業形態は、クラスの生徒が固定化しているのが特徴です。時間割はクラス毎に決まっていて、教師がそのクラスに行って授業をするというのがふつうです。クラスが固定されているという面では日本と似ていますが、日本のように学級やクラスを中心にさまざまな学校活動が行なわれているわけではありません。

　英語の授業内容も、多くの面で日本とよく似ていますが、やはり異なる面があります。たとえば、英語は小学校1年生から教えられています。英語は必修で、フランス語やドイツ語が学校裁量で教えられています。教師が英語を使って授業をしている授業も増えていますが、旧来の文法訳読式の授業もまだ多いようです。フィンランドなどと較べると、生徒の多くはそれほど英語が得意ではありません。しかし、学校によっては相当に英語に力を入れています。また、ミラノ周辺では多言語環境が進み、小学校や中学校にもイタリア人以外の子供も就学するようになっています。

　イタリアの外国語教育政策にCEFRの理念は浸透してきています。CEFRの6レベルを示す教科書が使われるようになり、早期外国語教育も進んでいます。ELPの導入も学校によっては取り組みがあります。CLILも同様です。CLILは小学校よりも、中等教育で実践されることが多く、高校段階では、**2010年よりCLILを国の外国語カリキュラムに導入**するなどの方針を示しています。しかし、英語教育だけに集中するという批判もあるようです。フランス語やドイツ語などは、小学校では履修者が少なく、主に中学校で教えられていますが、他のヨーロッパの国と比較すると、力の入れ方が足りないようです。

　イタリアの学校教育は学校や教師にある程度の裁量権があります。教える科目は決まっていますが、**教科書や教える内容に関しては教師が決められる**のです。そのため、地域差もあり、ここで紹介する事例もごく一部に過ぎませんが、CLILの一端は理解できるのではないかと思います。2008年3月と2009年11月に二度訪問したミラノ市で、市教育委員会のGisella Langé氏を通じて、イタリアのCLIL実践について教えてもらいました。Langé氏によれば、CLILは1990年代よりプロジェクトとして実験的に各学校で導入され、CLILに熱心な教師を中心に、その実践がいまも続いています。その実践について、小学校、中学校、高校などのCLIL授業を報告します。

2.6　ミラノの小学校でのCLIL

　ミラノの小学校英語教師Letizia Fossatis氏は、同僚の理科教師Annalisa Culurgioni氏とCLILを試験的に実践しています。小学校でのCLIL実践はまだ少なく、一つのチャレンジとなっているようです。このような実践ができるのは、学校でどのように教えるかが、ある程度教師に任されているからです。そこで、二人の教師は、ある研究プロジェクトの一つとしてCLIL実践を進めています。

　小学校での英語教育実践にかなり熱心なLetizia Fossatis氏から提供された小学校4、5年生の英語教育の目標の一部は、次のようになっています。

小学校4、5年生

学習目標
- 別れる、感謝する、時間を尋ねる/言う、価格を尋ねる/言う、天気を尋ねる/話す、人・場所・物のことを話す、許可を得る/与える、好き嫌いを尋ねる/話す、個人的なことを尋ねる/言う
- 100までの数の言い方、英国と合衆国の貨幣、天気、季節、月、週、人/物（家、学校、町）/飲食物などの言い方
- 文法項目：
  ▶ 単純現在形（be, have got, can など）
  ▶ 現在進行形
  ▶ 人称代名詞
  ▶ 形容詞：所有、指示、疑問形容詞（who, what, where, when, why, how）
- 社会化：英語圏の大切な伝統、祭り、文化的特徴

CAN DO：
- よく使う日常的な表現や具体的な要求にもとづく基本表現を理解し、使うことができる。
- 自己紹介や他の人を紹介し、住んでいる所、知っている人、持っている物など、個人的な物事について応答ができる。
- ゆっくりとはっきりと話し、助けがあれば、簡単なやりとりができる。

　小学校は5年間です。カリキュラムは、学校裁量で決まり、各学校の方針により設定できます。上記は一つのガイドラインで、1年生から5年生まで具体的に示されています。背景にはCEFRがあります。フランス語、ドイツ語、スペイン語などもこのガイドラインに従いますが、実際には科目の開設は少ないようです。ちなみに、別に訪れたミラノのMaffucci Pavone中学校ではフランス語が教えられていました。参観したフランス語はCLILの授業ではありませんが、CEFRを参照した指導がされていました。程度の差はあれ、EUの言語政策であるCEFRは大きな

影響を及ぼしているようです。

　Letizia Fossatis 氏と Annalisa Culurgioni 氏のティームティーチングは、5年生（10〜11歳）25人が対象です。そのうち、8人は外国籍です。理科的な内容は、ほ乳類の名称と分類です。英語で指示を出し、英語ではほ乳類の分類にそって、ポスターを作成するというタスクです。英語教師は、すべて英語を話します。理科教師は、基本的に英語を使いますが、理科の内容などに関しては、イタリア語を使います。

　授業は、2時間を使って実施されました。前の授業でほ乳類に関する用語を学び、ほ乳類について基本的な学習をした後の授業です。すでに学習した知識を生かし、この授業では、ほ乳類の絵のカード、名称、説明などの資料が教室に用意されていて、生徒がグループになり、それぞれのテーマにそって、自分たちのアイディアを入れて、ポスターを作成します。二人の教師は生徒と英語でやりとりを行ない、ほ乳類の英語での言い方、説明のしかたなどを指導しながら、各グループを回ります。

　活動のルールは、あまり細かく決めていません。たとえば、英語でのやりとりのパターンを使うとか、説明はこのようにするとか、英語の表現を制限するなど、言語活動に焦点を当てることなく、学習者自身の発想や工夫を大切にします。動物の名前は学術名の場合もありますが、生徒が興味を持てば、その発音を教え、ポスターにもそれを書き込みます。**生徒の発想と思考を大切に**しています。生徒同士のやりとりは、自然とイタリア語になりますが、教師は英語を使います。生徒は、教師の英語を理解して、場面によっては英語を使ってやりとりをしています。最終的にできた作品の一つが下の写真です。生徒は誇らしげにそれを見せていました。

　Letizia Fossatis 氏は、理科の教師だけではなく、他の科目の教師ともプロジェクトを組んでいます。たとえば、別のプロジェクトでは、美術（art）を英語で教えるというCLIL授業を展開しています。参考にそのプロジェクトのシラバスの一部を載せておきましょう。プロジェクトは10時間の設定です。

Van Gogh for children　　5年生
芸術科目の目標
一般目標
1. コミュニケーションの手段として芸術を理解する 2. 芸術の歴史を楽しむ 3. 歴史や文化に関連して芸術を理解する 4. 芸術や他の科目と関連性をつくる 5. 絵を鑑賞できる 6. 芸術(家)について興味を持つ
具体的目標
1. color, line forms, dots, lights, shadows の使用 2. movement, balance, space の使用 3. Vincent Van Gogh の理解 4. 印象派(Impressionist)の理解 5. Vincent Van Gogh と印象派の技法の理解 6. 印象派のように絵を描く
ことばの目標
一般目標
1. 英語を使ったコミュニケーション 2. 資料を読んで、情報を得る 3. 辞書等を使う 4. 絵についての説明を聞く 5. 読んだり、語彙を調べたり、話したりすることで、語彙知識を深める
具体的な目標
1. 必要な語彙を理解し、使う 2. 印象派についての簡単な文を読む 3. Vincent Van Gogh について読む 4. 友達と絵について説明する 5. 絵についての質問に答える 6. 絵を較べて質問をし合う 7. コンピュータで絵を使って遊ぶ

文法
be　have got　articles: a, an, the　present simple (I, he) there is/there are　how many...?　questions words

語彙
starry　night　foreground　palette　bright star　middle　ground　canvas　wind　background paintbrush　rolling　hills　left　mixing colors swirling　clouds　right stroke　paint　moon centre　primary colors　small　town　skyline secondary colors　village　silhouette　complementary c. tall　steeple　easel　church　houses slim　tree　cypress

題材
『星月夜』の絵、Vincent Van Goghの説明文、画用紙、鉛筆、消しゴム、フェルトペン、色鉛筆、絵の具、筆、新聞紙、雑巾など 例) 説明文(一部) Vincent Van Gogh was born in the Netherlands. When he was 27 years old, he taught himself how to paint. His brother, Theo, was an art dealer. He recognized Vincent's talent and encouraged him and supported him financially. He introduced him to famous artists who influenced him. Some of his earlier paintings were done in watercolor. Then he started using oil paints. Sometimes he would squeeze the paint directly on the canvas and work with it there. ...

2.7　ミラノでのCLIL実践

　ミラノのCollegio San Carlo(就学前から高校までの生徒が学んでいる学校)でもCLILを実践しています。イタリアでCLILプロジェクト推進に深くかかわってきたGisella Langé氏に紹介された伝統ある名門の学校です。普通の公立学校とは異なっていますが、どのようなCLIL実践が行なわれているのかを見るには最適の学校です。そこではCLIL推進に熱心なRenata Cirina氏が外国語学科長を務めています。生徒には、英語とイタリア語のバイリンガルの子供も多く学んでいます。そのような環境の中で、CLILが試験的に実施されています。

　就学前では、次ページの写真に示したように音楽に合わせて身体を動かす活動がありました。

英語の簡単な歌で、動物の名前を英語で言って、その動物の名前と鳴き声を言いながら、動物のまねをして部屋を動き回るというものです。このような活動もCLILの考えを取り入れています。小学校でもCLILを実施していますが、ここでは、中学校のCLIL授業をいくつか紹介します。教師はそれぞれが工夫をして授業をしています。英語を母語としている教師もいれば、科目を専門としている教師もいます。それぞれの教師が、CLILのことばである英語を使い、必要に応じてイタリア語も交えながら教えています。**英語も使いますが、イタリア語も使っています。**無理に英語だけを使いなさいという指導はしていません。

はじめに、数学の授業を紹介します。左の写真は、中学校2年生の数学の授業です。紙を折りながら、図形について学んでいます。図形の理解と思考と、図形に関する用語とその活動で必要な動詞を学ぶことがポイントです。教師は英語で説明し、質問し、答えます。教師が、ある形を紙で折るように問題を出し、生徒はその形をつくるためにどのように折ったらよいかを考えます。英語がバイリンガルに近い生徒がいますので、**生徒同士の会話も自然に英語に**なっています。もちろん、イタリア語も飛び交います。クラスのメンバーは、固定していますので、**生徒同士のコミュニケーションも良好で、互いに助け合うという姿勢**が目立ちました。

次に紹介するのは、英語でストーリーをつくるという中学校1年生の授業です。単に英語の授業というわけではなく、グループに分かれて、英語とイタリア語で話し合い、ストーリーを完成させます。あらすじにそってバラバラになったパラグラフを組み合わせて、ストーリーをつくるという授業です。この授業に特徴的なのは、親が英語を母語としている生徒が各グループに一人はいるという点です。そのおかげで、グループでの話し合いは自然と英語が中心になっていました。生徒が互いに協力しあって、活発にストーリーを組み立てているのが印象的でした。

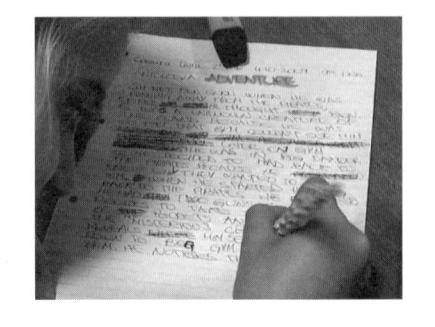

次も、同じ中学校1年生の英語の授業ですが、詩を扱っています。教師は英語を使い、活動を行ないます。生徒は、自分のノートに詩を書いてきています。授業では、それをただ読むのではなく、短い説明を加えて、発表します。他の生徒もそれを聞き、コメントを添えます。生徒の発言はとても積極的です。発言のパターンはある程度指導されていますが、内容面においては、きちんと自分の意見や感想を述べています。また、単なる発表ではなく、詩に関する用語なども英語で学習しています。CLILの観点がよく生かされている授業です。

　次は少し趣向の違う中学校2年生の社会（地理）の授業です。イタリア北部のPo Plainの起源を扱った内容です。本来はイタリア語で学習したほうが定着し易いと考えられますが、生徒は違和感なく授業を受けていたのが印象的でした。教師は社会科が専門ですが、ほぼすべて英語で授業を進めています。クラスは、さきほどの数学を受けていたクラスと同じですが、数学と同様に活発に教師と英語でやりとりをしていました。

　このようにほとんどのクラスがCLILの理念を生かし、英語で授業をしています。授業での生徒の発言も活発で、教師の質問にもよく答えています。ときには、イタリア語になることもありますが、英語で発言することに意欲的であり、雰囲気も自然です。人によっては、イマージョンプログラムと言うかもしれませんが、その区別はここでは問題にならないでしょう。

　Collegio San Carloでは、学校全体として英語に力を入れています。英語科の先生だけではなく、多くの教師は英語が堪能です。英語に限らず、フランス語、ドイツ語、スペイン語などのCLILも高校段階では導入されています。就学前から高校までの一貫校であることも強みですが、Renata Cirina氏のリーダーシップによる**教師集団の取り組み方が、CLIL推進の原動力**となっているようです。

　Gisella Langé氏によれば、CLILの推進にはまだ課題があり、ミラノ市全体に浸透しているわけではないようです。ましてや、イタリア全体では課

題が多々あります。たしかに、CLILを実践することはカリキュラム上では可能で、CLILの背景となるCEFRも浸透してきました。英語に偏り過ぎているという批判もありますが、社会のニーズであり、**英語は若い人たちにとって重要なことば**となっていることは事実です。教員養成と研修がまだ不足しており、学校の中での教師の連携にも課題があります。しかし、日本と較べれば、CLIL的な要素を取り入れた外国語授業や、CLILとは言わないまでも、内容に焦点を当てた英語授業が行なわれています。また、英語ネイティブ・スピーカーの授業もCLILの要素を取り入れているようです。イタリアは、元来、イタリア語やイタリア文化が全体的に強く、外国語に関してはあまり熱心ではありませんでした。町でも決して、英語がふつうに通じる国ではありません。少し事情が変わってきているようです。その点に、日本が参考にする取り組みがあります。

2.8 スペイン（カタロニア）の取り組み

スペインは、早期英語教育にも早くに注目し、英語教育に熱心で、CLIL実践に取り組んでいる国の一つです。スペインでは、就学前から外国語（主に英語）を必修科目としています。しかし、スペインは、政治的にも複雑で、多言語多民族の国なので、一律に理解すると誤解が生じるかもしれません。スペイン語は共通の公用語ですが、他にも、バスク語、カタロニア語、ガリシア語、バレンシア語が地域の公用語になっています。日本から見ると、少し分かりにくいかもしれませんが、そのような状況に英語が加わっていると考えるべきでしょう。ここでのCLIL実践の紹介は、カタロニアでの報告となります。つまり、スペイン語、カタロニア語、英語という言語が使われている地域のCLIL実践で、CLILのことばは英語となります。

スペインのカタロニアはバルセロナを中心とした自治州です。教育に関してもカタロニア教育省が統括しています。公用語はカタロニア語ですが、スペイン語ももちろん使われています。そのため、学校では、カタロニア語とスペイン語と外国語（主に英語）が義務教育修了までにできるようになることを目標としています。学校教育制度は、就学前（保育、幼児）教育が0歳から6年、義務教育として、小学校が6歳から6年、中学校が12歳から4年の10年間、高等教育への進学コースか職業学校として2年間がその後に続きます。就学前の3歳からカタロニア語、スペイン語、英語などを教えます。**義務教育の基本はカタロニア語ですが、スペイン語も英語も指導言語として使われる環境**があります。

スペインは、早期英語教育の他にも外国語教育に熱心です。10歳からは、第2外国語も教えられるようになっています。同時に、スペイン語も他のヨーロッパ各国でも学ばれる主要なことばの一つとなっています。国内的にも多言語多文化状況があり、**EU全体の言語政策も積極的**

に取り入れることにより、国としての方向性を明確に打ち出しているようです。英語が、フランス語やドイツ語とともに、スペイン語も含めて、特にビジネスの面で重要なことばとなっている社会状況を背景として、英語も徐々にではありますが、話せる人が増えてきています。

　CLILは、スペインで浸透するようになっていますが、地域により取り組みは異なるようです。しかし、いずれにしても英語が中心であることに変わりはありません。カタロニアでは、教育省を中心として、教員研修が盛んです。また、教材サンプルの提供なども充実してきています。**英語教育の早期実施に伴い、CLILの推進も加速**しています。CLILなどのことばの教育に関しては、**CIREL (the Centre of Support to Language Innovation and Research in Education)**（**教育言語革新調査支援センター**）のウェブサイト (http://phobos.xtec.cat/cirel/cirel/) を通じて、指導案や教材が共有できるようになっています。このような教員研修支援体制がCLILへの関心を高めています。

　カタロニア州のCLILの方針は、第1章で提示した4つの公理のほかに、もう一つ、能力 (Competence) を加えています。CIRELによれば、**能力（Competence）とは、場面に適して、知識、技能、態度をうまく組み合わせて使える力**のことで、具体的に、CAN DOディスクリプターを示しています。たとえば、「学ぶ道具を提供するICTなどの支援を利用して情報にアクセスし、それを伝えることができる (can access and communicate information using different supports including ICT Information handling tools to learn)」というように、具体的に目標を提示しています。教える内容や教え方については、**各学校や各教師に裁量権**があることが、CLILを実施する上で、たいへん重要な背景となります。

　カタロニアで出会った外国語教師は、総じて、CLILのことをよく知っていました。また、CLILを特に実施していない学校でもCLIL的なアプローチをしていました。実際に多くの教師がCLIL的なアプローチをしているようです。それだけCLILが浸透しているということなのでしょう。ここでは、その点を背景として、2010年3月に訪れたカタロニア州のフィゲラス近郊 (Figueres) とバルセロナ (Barcelona) の学校でのCLILの実態を紹介しながら、CLILの現状を報告します。

2.9　フィゲラス近郊の小学校のCLIL

　教員研修などで指導的立場にあるRosamaria Felip Falcó氏の招きで芸術家のダリで有名な町、フィゲラスの郊外にあるCastelló d'Empúriesという町のごくふつうのEscola Ruiz Amadoという小学校を訪れました。学校を訪問する前に、CLILも含めた英語教育について詳しく実施状況などを尋ねたところ、英語教育というよりも、カタロニア語のことについて多くを語ってくれ

ました。つまり、子供が自分たちのことばを大切にし、英語も将来のために学ぶ重要なことばだということを教えたいという趣旨のことを熱心に話してくれました。カタロニア語、スペイン語、英語、さらには他のことばに対する関心を育てたいという視点からCLILに興味を持っていますが、CLILだけではなく、**英語を通して世界を知るということを目標**として、英語を教えているそうです。

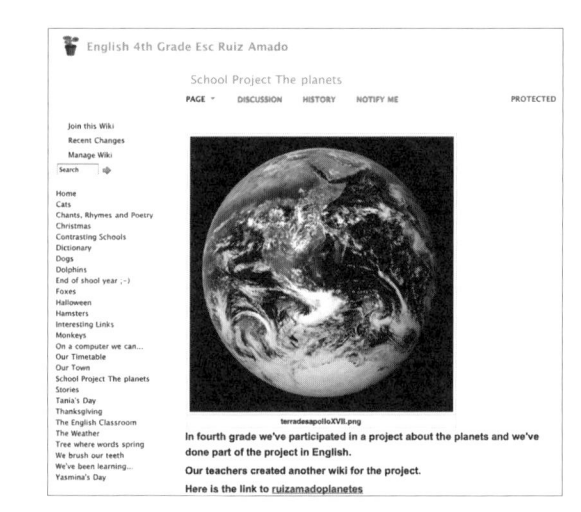

　カタロニアでは、CLILは多くの小学校や中学校で実施されていますが、やはり、バルセロナが中心です。しかし、CLILを実施しているかどうかは別として、多くの教師がCLILに関心を示し、CLIL的な授業も含めると相当な実践があるようです。Rosamaria Felip Falcó氏の授業も完全にCLILというわけではないと前置きをしていました。ウェブやICTを活用しながら、**英語の授業の中でCLIL的な内容を盛り込んでいる**という趣旨のようです。教科書は、「Find Out!」を使い、基本的にその教科書のシラバスに従い、CLIL的な要素を入れています。

　Escola Ruiz Amadoでは4年生の授業を参観しました。24人の生徒の母語はスペイン語とカタロニア語です。すでにバイリンガルの環境にありますが、英語の授業は英語で行なわれていました。この日の内容はThe Solar Systemで、一つのプロジェクトとして実施しています。さまざまなタスクが用意されていますが、この日は太陽系の惑星などの名称と関係について学んでいました。Rosamaria Felip Falcó氏は、Wikiを教材として活用しています。左の写真は、この授業で使われたWikiサイトです。生徒が家でも実際にウェブにアクセスして見ることができるように作成されています。教室という空間を世界あるいは地球に広げるというコンセプトで授業をしていることがよく分かります。授業内容は、生徒にはむずかしいのではないかと思われますが、生徒の反応はよく、教師の英語はほぼ理解しているようです。生徒は、カタロニア語やスペイン語を使っていますが、基本的には特に使用を制限していません。

学校で定めたカリキュラムに則り、英語の授業にCLILの要素を取り入れている点がとても興味深いものでした。すべてがCLILというわけではありませんが、生徒の興味関心に留意して、授業が組み立てられています。また、**ICT環境を意識して家庭での学習や他の科目との連携を図ろうとしている点**も、日本でCLIL実践に大いに参考になります。

2.10　バルセロナの小学校のCLIL

　Rosamaria Felip Falcó氏から紹介されたカタロニア教育省のCLIL推進に貢献しているNeus Lorenzo氏のお世話で、CLILを実践しているバルセロナの学校を訪問しました。バルセロナは、多くの学校でCLILを実践し、かつ、早期英語教育にも力を注いでいるからです。Escola CEIP Pere IV小学校を案内してくれたのは、英語教師として指導的な立場で小学校の英語教育に携わっているTeresa Oliva氏です。Escola CEIP Pere IV小学校の英語のカリキュラムにかかわり、CLILを実践しています。この小学校では就学前の子供も学習しています。たいへん斬新なデザインの学校で、建物も新しく、設備もよい学校です。予想どおり、熱心な授業が行なわれていました。就学前の子供には、ICT教材を使って、カタロニア語やスペイン語の授業が行なわれていました。

　Teresa Oliva氏の案内で、まず、3年生のCLILの授業を参観しました。アメリカ人のアシスタントの教師が教えていました。日本のALTのような立場で教えているようです。授業は「味（Taste）」についてです。

　T: Does a lemon taste sour?
　S: Yes. A lemon tastes sour.

　25人の生徒が、下の写真にあるように、スマートボードに向かい、それぞれの食物と味を結びつけて、学習しています。教師は英語しか話しませんが、生徒はほぼ理解しています。「聞く・話す」活動に集中していて、なおかつ、内容に関心が向かっています。あまり細かい文法にはこだわりませんが、発音に関しては、何度かリピートして確認しています。教えているのはアシスタントの教師ですが、シラバスの骨子は、Teresa Oliva氏が考えています。

　次に参観したのは、4年生のクラスです。扱っている内容は理科で、太陽系の活動の理解です。こ

の日の授業は生徒が学習した内容をプレゼンテーションするという活動です。写真にあるように、太陽系の惑星や地球の動きをまとめています。もちろん発表準備の段階では、教師のサポートが必要ですが、3年生と4年生の違いは大きく、学習内容も深くなっています。発表にあたっては、スライドの内容を見ながら、話しています。つまり、文字はほとんど読めるようになっています。さらに、自律的な学習を促す活動を、インターネットを使って指導しています。下のウェブは、neoK12という英語による学習リソースサイトです。生徒は、このサイトにアクセスし、発展的な学習をすることになっています。プレゼンテーションもこのサイトから引用して作成したようです。

5年生の授業も参観しました。看護師をしている生徒の母親に協力してもらい、「血圧 (blood pressure)」をテーマに授業を展開するという、たいへんおもしろい試みです。血圧のしくみなどを英語で説明しました。実際に血圧計を用意し、衛生面を考慮して、雰囲気作りをすることにより、生徒の興味関心が血圧の内容理解に集中しました。タスクとしては、血圧を測定するときの英語表現、測定後の数値の言い方、記録のしかたなどを、生徒がお互いに血圧計を使って楽しく実践しました。

学校あげてのCLILの取り組みは、生徒の英語に対する学習意欲を高めているように感じられました。Teresa Oliva氏といっしょに案内してくれたAlbert Inglès氏も、英語教育の指導者として教育省にかかわっています。二人とも、英語教育を推進するためにいくつかの学校の英語カリキュラムを支援しています。このような体制が、CLILの推進にも一役買っているようです。この訪問を通じて、ことばに対する意識の違いや教育に対するアプローチの違いを感じまし

た。ことばは、使うための道具であり、かつ、学ぶための基盤だと彼らは考えているようです。カタロニア語、スペイン語、英語は、子供にとってはすでに必要なことばとなっています。CLILは、母語だけではなく、このように多くのことばの学習を支援しているのです。

2.11　バルセロナの中等学校のCLIL

　Neus Lorenzo氏から紹介されたもう一つのCLIL実践校、Institut Salvador Espriu中等学校では、中学校4年間と進学と職業の2年間コースの学生が学んでいます。教育内容や設備などが行き届いた学校でした。コーディネートしてくれたのはTeresa Socias氏です。当日は、カタロニアにおける英語教育を指導的に推進している教育省のAna Coll氏もいっしょに参観しました。CLILが英語教育政策の一つとして実施されていることがよく分かりました。

　Teresa Socias氏によれば、CLILは3年計画のプロジェクトで、訪問した時がちょうど3年目にあたり、学校全体で、数学、芸術、体育などでCLILが実施され、教科書も作成し、英語圏への語学交流研修も実施し、また、CLILを通じた小中の連携も推進してきました。さらに、CLILプロジェクトとは直接関係はありませんが、教員養成の実習校やアメリカからのアシスタントの受け入れなども実施しています。今後、さらにCLILプロジェクトを拡充していきたいとのことです。あまり意欲のない生徒もいますが、生徒は概ね積極的に学習に取りくんでいます。ありのままを率直に見学させてくれるおおらかな学校です。

　ここでは、数学のCLIL授業を紹介しましょう。授業は、英語のNúria Ramos氏と数学のCarlota Petit氏のティームティーチングです。役割としては、数学の内容に関して数学の教師が英語で説明し指示を与え、英語教師が英語の表現に関する指導をしています。中学校2年生を対象として、クラスの生徒数は30人です。標準からすると少し多いですが、二人の教師が指導しているので適切に感じました。生徒がグループ活動を通じて課題を解決していくというタスクで、グループ間の競争意識を働かせています。また、扱っていた内容は、4象限（four quadrant）のグラフの作成、計算、分類などの課題です。二人の教師はほぼ英語で説明し、課題を指示し、生徒は、その課

題を、生徒同士の場合はカタロニア語などになることもありますが、大半は英語でやりとりをしながら、グループで考え、英語で発表します。かなり積極的に授業に取り組んでいました。グループ活動中に、生徒数人に話しかけてみても、英語でしっかりと答えていました。スマートボードなどで使う教材は、CLIL授業用に作成し、テクストとして生徒にも配布してありました。市販では適当な教材がないので、Teresa Socias 氏を中心に英語と数学の教師の協力で作成したとのことです。

　生徒の多くは、英語がよくできますが、あまり得意ではない生徒もいます。その点からもこのようなグループ活動は、CLILでは当然有効です。一人の教師が説明しているときに、もう一人の教師が生徒の理解度をチェックしながら個々にサポートします。CLILの授業の特徴は、生徒がいつの間にか内容に集中していることです。英語の授業だと、英語の教師はどちらかと言えばことばに注目する傾向にあります。この授業でも、数学的な内容のことをどう英語で表現するかに関して、英語の教師が少し説明を加えていました。しかし、数学の教師は、ほとんど内容に注目しているのです。その点、ティームティーチングは条件が許せばたいへんよいアプローチだということが、よく理解できました。

2.12　ヨーロッパでのCLIL

　フィンランド、イタリア、スペイン（カタロニア）と3つの国でのCLILの取り組みを紹介しました。しかし、これはごく一部の取り組みですので、CLILがヨーロッパ全体でどのように実施されているかは、実態は定かではありません。公表されている調査報告によれば、多くの国と地域でCLILが実施されていることは確かです。本書で紹介しているような英語ばかりの実践ではありません。それぞれの事情に応じて、フランス語、ドイツ語、スペイン語を中心として、マイノリティーのことばも含めて、多くのCLILアプローチがあります。イマーションやバイリンガルという呼び方のもとに実施されている場合もあれば、そのような名称を使わなくても、CLIL的な指導を取り入れている授業もあります。また、早期外国語教育の広がりとともにCLILが注目されている場合もあります。全体としては、CEFRの理念にもとづく言語政策の推進の一部としてCLILが次第に広がりを見せていると言ってよいでしょう。

　また、別の問題として、研究者を中心に、**CLILという指導法の定義の問題**も浮上してきています。CLILとLSP（ESP）はどう違うのか、CLILと内容重視の指導（Content-based Instruction）は

どう違うのか、CLILとイマーションやバイリンガル教育はどう違うのかなど、ヨーロッパの中でも、CLILについての理解が必ずしも一致しているわけではなく、議論は続いています。さらに、CLILの推進は政策的な意図もあります。1990年代から実験的にCLILが実施され、現在に至っています。成功例もあれば、失敗例もあります。また、CLILに関しては、科目内容とことばという二重の目的があるという点に、やはり課題があります。特に、教員養成や研修という問題が依然として解決されていません。**だれがどう教えるのかという基本的な問題**です。**教材の問題**もあります。その他にも、実際にCLILを実施してみると、学校や授業の実際の場面ではいくつかの問題の事例が報告されています。教師が、授業準備に多くの時間を費やす、CLILのことばをうまく使えない、教える内容の知識が不足するなどといった問題が生じています。

　しかし、実際に、フィンランド、イタリア、カタロニアなどの実践を調べてみると、**生徒にとっては決して重荷になっていない**ということが分かります。ことばが分からないから意欲がなくなるとか、科目内容とことばの両方を勉強しなければいけないからたいへんだということは、どの授業でも見られませんでした。生徒にとっては、意味のある内容を学習することは、ただ単にことばを学習するよりも、おもしろいと感じていることは確かです。フィンランド、イタリア、カタロニア訪問の際には、同時に、ふつうの外国語（主に英語）の授業も参観しました。どの国でも、英語に対する学習意欲が高く、英語が何らかの形で生徒の将来に直結していることが背景にあります。授業によっては、文法理解に焦点を当てた授業も当然必要です。また、英語圏での文化理解あるいは英語を通じた文化間コミュニケーション能力に焦点を当てた授業も多くあります。そのような英語授業では、あえてCLILと言わなくても、CLIL的に内容に焦点を当てた授業もふつうに行なわれています。そのように考えると、**CLILはこれまでの外国語教育に対する発想の転換を示唆するきっかけとなる教育的アプローチ**と考えられます。それが、ヨーロッパでの言語教育政策として推進されているのです。

2.13　ECMLの取り組み

　ECML（ヨーロッパ現代語センター）（European Centre for Modern Languages）は、オーストリアのグラーツにあるCoE（ヨーロッパ評議会）（Council of Europe）の研究と実践部門で、ヨーロッパの言語政策を推進するための潤滑油のような役割をしています。CoEの政策部門と連携して、ヨーロッパ各国で言語教育にかかわる人を支援し、多様なプロジェクトを実施してきています。ヨーロッパ各国の専門家とのネットワーク、言語教師教育者への教員研修のモデル、各国の実践例の紹介などを行なうことで、ヨーロッパの言語政策を推進しています。CLILもその中の一つです。

ECMLの他に、European Commission（ヨーロッパ委員会）がCLILの推進に貢献しています。European Commissionは、EUの執行機関ですので、政治的にCLILを推進する役割をしてきましたが、それに対して、ECMLでは、ヨーロッパの人権と民主主義を理念に掲げ、CLILに関しては、CEFRなどをもとにした言語政策の一部として、特に教師に対する研修面でのサポートを中心に、いくつかのプロジェクトとして調査研究が行なわれてきました。2008～2011年の期間に、次の5つのプロジェクトが実施されています。

- Content-based teaching for young learners（EPLC）
- Curriculum development for CLIL（CLIL-CD）
- Teacher training for CLIL in French as a foreign language（CLIL_FLE_TT）
- Teacher training for CLIL in German as a foreign language（CLIL_DaF_TT）
- Content-based teaching + plurilingual/cultural awareness（ConBaT+）

それぞれのプロジェクトは、ヨーロッパ各国のCLIL教師がかかわり、その後の影響も大きく、CLILの発展にも大きく貢献しています。

このように、ヨーロッパでは、英語だけに限らず、**ことばの教育の重要性**に対する考えが尊重されています。ECMLのような機関はその意味で貴重で、ヨーロッパのことばの教育を推進するためのネットワークをしっかりと構築しています。CLILは、そのECMLにサポートされている指導法です。また、ヨーロッパの多くの教師が関心を示し、実践しています。ECMLのあるオーストリアのグラーツでも、CLILは実施されています。CLILの普及は、早期外国語教育やLSPとの関連から、ある意味で学習者の自然なニーズなのかもしれません。

ECMLのプロジェクトの一つで、**EPOSTL (the European Portfolio for Student Teachers of Languages)**（ヨーロッパ言語教員養成ポートフォリオ）があります。このEPOSTLはことばの教師を養成する、自律学習を目的としたガイドラインとも言えます。この中に、CLILに関する自己評価のCAN DOが設定されています。下に紹介する自己評価は、授業指導案についてですが、次のようになっています。

> I can plan to teach elements of other subjects using the target language (cross-curricular teaching, CLIL etc.).（私は目標言語を使って他の科目の内容を教えることを計画できる（教科間連携、CLILなど））

このように、教員養成や教員研修の内容として、CLILが設定されていることは重要です。これも、ECMLが大きな役割をしています。しかし、アジアや日本ではどうでしょうか。

第3章 アジアでのCLIL

　ヨーロッパとアジアでは言語事情はまったく異なります。英語が圧倒的に必要性の高いことばだということはある面で一致していますが、ヨーロッパ言語文化の中の英語学習は、アジア言語の中の英語学習とは、アプローチのしかたも当然変わるでしょう。そこでアジアでのCLILを考える際にも、やはり英語を目標となることばと考え、ヨーロッパとはどのように違うかを理解しておく必要があります。ヨーロッパでは、フランス語、ドイツ語、スペイン語などがCLILで実施され、さらには、マイノリティーのことばの教育にもCLILアプローチの利用が推進されています。アジアでも、中国語や韓国語や日本語が、ビジネスや教育などに関連して重要になってきています。CLILはその面からも今後重要な指導法となる可能性があります。

　アジアの中でのCLILは、**バイリンガル教育**あるいは**イマーションプログラム**と考えられ、**英語による授業（English medium instruction: EMI）、内容重視の授業（content-based instruction: CBI）、早期言語教育（early language learning: ELL）**とほぼ同様のアプローチとしても理解される可能性があります。ときには、ESPでもあるかもしれません。結局、英語教育を中心とした指導の一形態として、CLILも認知されるようになってきています。しかし、実際には、CLILと銘打って実施されている事例はまだ少なく、散発的でしかありません。どちらかと言えば、EMI, CBI, ELLとして認知され実施されているのが実状でしょう。日本でも同様です。まだまだ実験段階ですが、少しずつ関心を持たれるようになってきました。

　ここでは、数少ないCLILの事例として、マレーシアのSultan Idris教育大学で科学技術や理科教育の研究に携わり、CLILを推進しているSopia Md Yassin氏がマレーシアでCLILをめぐりどのような経験をしたのかを報告します。**アジアでCLILを導入しようとしたのですが、結果的にあまりうまくいかなかった事例**です。今後、日本でのどのような形にしろCLILを導入する上で参考になると考えます。

3.1 マレーシアでの英語による理科・数学授業（TESME）

　マレーシアは、多民族の国であり、マレー語、中国語、タミル語を主要なことばとする多言語の国です。公用語は、標準的なマレー語から成り立つバハサ・マレーシア（Bahasa Malaysia）（以下マレー語）です。歴史的な経緯から、英語は学校で教えられ、ほぼ公用語扱いとなっていますが、子供の英語力にはかなり地域差があります。民族的にも言語的にも複雑で、簡単に説明することはできませんが、英語は、善くも悪くも、重要なことばです。ここでは、マレーシアでの英語のCLILの事例を報告しましょう。

　マレー語では **PPSMI（Pengajaran dan Pembelajaran Sains dan Matematik dalam Bahasa Inggeris）** として知られている **TESME（英語による理科・数学教育）**（Teaching Science and Mathematics in English）は、マレーシア教育省によるCLIL政策と考えてよいでしょう。2003年から実施され、**マレーシアの生徒の英語力を高めることを目的**としていました。この点が失敗の一つの原因です。つまり、**英語力の向上にのみ焦点を当てた**のです。プロジェクトでは、2003年度から、小学校1年生（Year 1）（7歳）、中学校1年生（Form 1）（13歳）、大学進学コース1年生（Lower form 6）（18歳）でCLIL実践を導入しました。2008年度には、このCLIL実践は、初等教育（1-6学年）、中等教育（1-5学年）、大学進学コース（lower and upper form 6、大学入学試験）のすべての学年段階で行なわれるようになりました。同様に、このCLIL実践は、国により全面的に支援されている国立小中学校、国から部分的に支援されている国立タイプのタミル語の小学校、国立タイプの中国語の小学校など、すべての学校で行なわれるようになったのです。2003年以前は、理科や数学の授業は、マレー語、タミル語、中国語で行なわれていましたが、この教育政策を大きく変えて、TESMEの実施に踏み切ったのです。

3.2　TESMEの理論的根拠とサポート

　このようにして始まったマレーシアでのCLIL、理科や数学の授業を英語で行なうTESMEプロジェクトの実践にあたっては、国の言語政策に大きな変化を与える背景がありました。つまり、このプロジェクトが始まる2002年当時、次のような社会的要求がありました。

- 子供が国際化時代の中で競争するのに必要な能力を身につけること
- 知識を重視する経済社会に立ち向う国家の人材の育成
- 国際語として最も重要な英語による科学技術の知識や急増する情報への対応
- マレーシアを東南アジア周辺地域の教育の中心と位置づけようとする意図

マレーシア政府はこれらの要求に応えようとしたのです。Kebangsaan 大学教授、Saran Kaur Gill 氏は、この政策の変化の理由に関して、マハティール (Dr. Mahathir Mohamad) 前首相に 2005年にインタビューした際の言葉を、次のように引用しています。

> 「私たちは、知識を重視しないし、発展も求めない国民になり、ただ自分の言語だけに集中するような過度な愛国主義からは抜け出す必要がある。私たちは発展を求める国民になるべきであると私は信じる。国民が成功し、誇りを持って、他の国の人々によって尊敬されてほしいと、私たちは考えている。国民が、科学技術の知識を持たない人、貧しく、後ろ向きな人、だれかの使用人として働く人であってほしくはない。知識がなければ、知識がある人々の使用人になってしまうのだから」

1981年にマレーシア憲法に国語としてマレー語が記されました。このことは、教育、行政、地域のコミュニケーションにおいてのマレー語の国語の位置づけを確固なものとしましたが、ほぼ公用語に近い英語に関してはそうではありませんでした。地方に住むマレー語を話す人たちは、特に、英語があまり話せないのに対して、母語をマレー語としない人々は、バイリンガル (タミル語ー英語、北京語 (Mandarin) ー英語) やトライリンガル (タミル語ー英語ーマレー語、北京語ー英語ーマレー語) になっています。そこで、マレー語を母語とする学生たちは言語的な不利益に直面し、特に、民間分野で仕事を得るときには問題を生じることがあると、Saran Kaur Gill 氏は述べています。

このような状況の中で、マレーシア教育省は、CLILを各学校で実施するにあたり、次のような環境を整備する必要が生じました。

- 教科書、活動ノート、コースウェアの整備
- LCDプロジェクター、ノートパソコンなどの機器
- 教師が数学や理科を教えるための英語コース設定
- 英語と数学・理科の教師のペアサポートシステム (英語教師が英語の使用に配慮し、生徒が問題のある部分でサポートし、数学や理科の教師とティームティーチングを行なうこと)
- 英語、数学、理科の教師に対してそれに値する特別な手当

CLIL教科書教材の例

3.3　TESMEの一例

　TESMEの実際の実施方法について、小学校の4年生の理科の授業で説明します。Sopia Md Yassin氏の研究グループが次のような調査をしました。マレー語を母語とする小学校での実践です。目的は、生徒の授業中の認知過程を分析することでしたが、結果的には、**CLIL授業を実施する上での、教師側の問題**が浮き彫りになりました。小学校の教師9人が指導した4年生の理科のCLILの授業を録画して、教師と生徒とのやりとりを分析するという調査方法です。クラスサイズは、26〜46人とばらつきがあります。9人の教師の教師歴は6年から22年、CLIL授業の経験も1年から6年と幅があります。しかし、いずれも、教育省が設定した研修を受け、上記の教科書、教材などを使い指導しました（写真参照）。

調査の上で観察された授業の内容は、「太陽系」「技術の発達」「酸化」「人が作った道具」「動物の基本的欲求」などです。

　調査結果は、**教師の英語による発問のしかたに工夫がない**など、総じてあまり望ましい内容ではありませんでした。授業中の質問のしかたなど、いくつかの方法は教員研修などで提示されていた

のですが、それが実際の授業の中で使われておらず、**生徒の意欲を喚起し、興味をそそるような内容とはなっていなかった**のです。コミュニケーションがほとんどなく、教師の質問は単調で、生徒は、単語で答えるようなやりとりとなりました。たとえば、次のようなやりとりが行なわれたのです。

T: What is the first planet?

P: Mercury.

T: Ok, you can use your textbook. Ok, what is the first one?

P: Mercury.

T: Second?

P: Venus.

T: Next?

P: Earth.

T: This is the fourth one. Label now, please label now. Ok, the fifth planet?

P: Mars.

T: Mars. Ok. Sixth planet?

P: Jupiter!

このような授業がすべてではありませんが、マレー語を話す小学校の教師が、理科を英語で教えることは容易ではありません。上記のような事実の確認や単純なやりとりになりがちであることは否めません。考えさせたり、生徒同士でやりとりさせたりという活動にまでは至らなかったのです。

この調査は、ごく一例ですが、同様のことが多くの授業で起こっていた可能性があります。これにはさまざまな原因が考えられますが、日本でCLILを導入しようとする際には十分考慮しなければいけないことです。

3.4　TESMEの廃止

こうして進められたTESMEには良い点も悪い点もありましたが、政策的に急速に物事を進めたために、さまざまな軋轢が生じました。そのために、2003年のCLIL導入から6年にわたって、TESMEはいくつかのグループから強い反対を受け続けました。これはその導入の経緯からすると、無理もないことかもしれません。そこで、2008年に、教育省は、数学や理科の授業をマレ

一語で行なうことに戻すかどうかの判断を下さなければならなかったです。教育の専門家や関係者が集まり、何回にもわたる議論が、調査結果の分析と併せて行なわれました。こうして、授業で教えることばとして英語を使用することに関して、良い点や悪い点の両面が、教育的、社会的観点から、浮き彫りになってきました。

　特に、英語で理科や数学を教えるTESMEというマレーシアのCLIL政策の実施は、**マレー語を擁護する人たちによって厳しく批判**されたのです。マレー語を擁護する人たちは、CLIL政策による英語重視が、理科・数学分野のマレー語の発展を妨げるだけではなく、マレーシアの公用語としてのマレー語の地位を危険にさらすことになることを懸念しました。マレーシアが英国の植民地であったことを考えれば、このような心配は理解できるものでした。

　しばらくして、中国語教師たちが、中国語の小学校では数学と理科の授業は母語の中国語で教えると強く主張し始めました。彼らは、初等レベルでの学習を促進するには母語の中国語が最も効果的なことばだと考えているからです。不思議なことに、マレーシアのCLIL政策の実行に関して、タミル語を話すインド系の地域社会からは反対の声はあがりませんでした。**それぞれの地域社会の実状を考慮せずにTESMEを実施した点に問題**があったのです。

　CLILに反対の声は、結局、主にマレー語を擁護する人や中国語の教師からでした。そのために、教育省は、さまざまなレベルの教育関係者（教員組合、NGO、メディア、政治団体、PTAなど）と会議を開き、対話を重ねなければいけなかったのです。ついに、2009年7月8日に政府によって、TESMEをやめる決定が出されました。その内容は、2012年から、初等教育では理科や数学の授業をそれぞれの母語で指導するという以前の状態に戻し、中等教育では基本的にマレー語で行ない、後期中等教育（大学受験準備、大学入学試験、大学などを含む）では、主に、英語で指導することとしたのです。

3.5　マレーシアの教育の現状から見るCLIL

　マレーシアの理科や数学教育の観点からCLILについて考えてみましょう。ヨーロッパでは、マレーシアとは異なり、知識社会の出現によって、新しく機能する教育モデルを教育界全体に導入することが求められてきました。これは、分化からの統合というシフトに関連し、一貫したカリキュラムというかたちで具現化しました。たとえば、理科の中でいくつかのトピックが、数学、物理、生物、化学など個々の科目の範囲を飛び出し、科目が統合され、「環境科学」のよ

うな学際的カリキュラム科目に変わって、教えられるようになってきました。

　同時に、教師が指導法を学び、生徒に教えることと関連して、構成主義がますます教育の分野に大きな影響を与えるようになってきました。ヨーロッパでは、大人から子供へ知識の伝達はあまりよくない教育モデルと認識されてきましたが、マレーシアも含めて、多くの国で典型的な指導のアプローチとしていまだに根強く支持されています。認知心理学から発展してきた**構成主義アプローチの指導理論**は次のことを基本にしています。

- 教えることは、生徒が気持ちよく学ぶ経験や文脈に関連する（レディネス）
- 教えることは、生徒が分かりやすいように構成する（スパイラル構造）
- 教えることは、既知から未知の推測を促進し、そのギャップを埋める（与えられた情報を越える）

　この考え方は、第2言語学習などのことばの教育には重要になってきています。特に、グローバルな観点でのことばに対する要求は、マレーシアのさまざまな教育システムの中で英語学習の必要性が増すにつれ、より強くなっています。また、マレーシアでは、カリキュラムにおける英語学習時間の不足など、さまざまな要因から生じる英語力の低下が、CLIL導入の1つの大きな要因となってきました。CLILは、主にことばを教えることを通してというよりも、むしろ学習の構成、どのように学習するかにかなり依存するからです。

　現在ヨーロッパで広まっているCLIL指導法の導入は、マレーシアのことばの教育にも直接的に関係しています。TESMEは、英語で理科や数学を教えるというコンセプトですが、CLILの一形態と考えています。2003年に英語による理科と数学の授業を導入する際には、理科や数学の学習だけではなく英語の学習にも有効な授業システムに発展させようと理論的には考えていたのです。しかし、ヨーロッパと同じようにはいかなかったのです。構成主義的な学習観を達成するためのしっかりとした教育に対する青写真が欠けていたのです。あるいは、政策と実践の間のインターフェースが整えられていなかったために、**実際の授業にまでCLILの理念がうまく浸透しなかった**のかもしれません。

　TESMEは、政策的にアジアの英語熱に即した内容でした。シンガポールを見れば理解できるでしょう。ところが、実践するときに問題が生じてきました。**CLILを受け入れる基盤システムが弱かった**ために、教師と学習者の関係をうまく築くことができませんでした。教師にも学習者にもある葛藤が生まれたのです。多くの教師は、教科の統合や学習観や学習のふりかえりなどと同じように、理科や数学の科目内容と英語ということばの両方に焦点を当てるのはむずかしいと感じたのでしょう。教師による自律的な意思決定に大きく影響を与えるテスト重視の環

境、テスト結果が与える影響と同様に、CLIL学習に必要な学習ストラテジーが与える学習への影響についての知識の不足、教師の学習に対する考え方、政府や教師による適切な計画の欠如などのすべてが、CLIL推進に影響を与えてしまったのです。このような要因が絡み合って、マレーシアでのCLILプログラムのバランスを崩してしまったと考えられます。

　ヨーロッパのCLILでは、学習者がCLILのことばによる学習経験からメリットを得られるという事例が多くあります。マレーシアで実施したような大規模なTESMEがCLILとして成功するには、創造的で批判的な思考を養い内容に関係することばを使う機会が、学習者に効果的に提供できるということが大切です。このようなCLILのことばは、科目内容に密接に関連しています。そのように異なる科目内容の知識や技能は、教える場面や環境に適した教科書教材にまとめられる必要があります。また、ことばの面からは、教師と生徒の双方によってよく使われるその分野に特化した英語表現に注意する必要があるでしょう。たとえば、理科や数学を学ぶ場合、生徒が理科や数学を学ぶのに必要な英語表現がどのように使われるかを理解できないならば、理科や数学の分野で使われる必要なことばは使えないのです。

　このCLILのことばについて、CLILに詳しいアバディーン大学教授の**Do Coyle氏のことば**を借りて、マレーシアでのCLIL実践の失敗をくり返さないように、いくつか提案しておきましょう。日本の事情はマレーシアとは異なるとは思いますが、参考になると思います。

1. 科目内容の問題は単に知識や技能を獲得することだけではなく、学習者自身が知識や技能を身につけることと大きくかかわる

　マレーシアでの実践では、知識や技能に関することばの習得だけに偏ったかもしれません。学習者の自律学習を促すことをおろそかにした可能性があります。

2. 科目内容は学習や思考（認知）に関係している。学習者が内容を理解できるようにことばの観点から内容を分析する

　通常の科目の授業では、ことばの学習や認知についてはあまり配慮しません。マレーシアの理科や数学の教師は英語を使うことに必死でした。この点に関する教員研修が不足していたために、単純なやりとりに終始してしまいました。理科や数学で使われる英語を学習プロセスの面から分析し、授業活動に配慮する必要があるでしょう。

3. 思考（認知）プロセスはことばの面から分析される必要がある

　理科や数学を学ぶ場合には、「どのように考えたか」「どのように理解したのか」ということをことばにして、さらに理解を深める必要があります。このような面は、必ずしも英語だけに

こだわる必要がないかもしれません。母語と英語を両方使うことで、学習者自身が考える必要があります。マレーシアでは、多くの理科や数学の教師がその点まで配慮する環境になかった可能性があります。

4. 言語は、学習する環境、ことばを介した学習、内容の再構成、それに関連した認知プロセスを通して学習する

マレーシアでのCLIL実践では、このような点は理解していましたが、授業で効果的に英語を使う環境が作れなかったようです。この原因は複雑ですが、CLILではこのような環境や学習活動に配慮する必要があります。

5. 学習環境でのやりとりは学習の基本で、学習環境がことばを使う場として機能するときに意味を持つ

この点は重要ですが、マレーシアの学習環境では多少むずかしかったようです。アジアの多くの国の授業形態は、ヨーロッパとは明らかに異なります。教師と生徒の関係、クラスサイズ、教育文化などを考慮して、授業でのやりとりについてCLIL授業では工夫をしなければいけません。ことばの使用を強制することは効果的ではありませんが、母語ばかりを使っていてはCLILの価値がありません。CLILを実施する際にはこの点を慎重に考える必要があります。

3.6　問題と今後の課題

英語で理科や数学を教える研究報告は多くあります。また、マレーシアのTESMEに関するかなりの数の調査や報告もすでにあります。その調査や報告には多くの問題や今後の課題などが指摘されています。たとえば、**教師と学習者の英語力の問題**があります。特に理科や数学を教える教師の英語力の問題や教師の専門性の向上という問題が指摘されています。さらには、目標を明確にしたCLIL授業の指導コース、CLIL授業の到達レベルや支援方法など、具体的なCLIL指導法に関する問題も指摘されています。

TESMEの目的については、教師の理解と意識を高めるために、初等教育や中等教育などの学年段階や、都会や地方などの地域的な違いに応じて、教員養成や現職教員研修などで、研修が実施されてきました。こうして、理科や数学の教師はTESMEの目的や実施については受け入れています。理科や数学の教師の教えようという意欲や準備は、英語力は必ずしも十分ではないかもしれませんが、ある程度の水準を維持しているのです。しかし、理科や数学の教師は英語を読んだり、聞いたりする能力はあっても、話す技能はどうしても十分とは言えません。実際

に英語で理科や数学を教えるほどには彼らの英語力は達していなかったのです。そのような調査研究が報告され、ほぼ実態を正確に表しています。

中高生が直面するCLIL授業でのことばの問題を調査した報告もあります。理科や数学のCLILの授業を受けている生徒のニーズ調査、必要な用語の理解の不足や混同、科学分野で使われる一般的なことばの理解の困難さなどが報告されています。さらに、このような問題にどのように対処するかも併せて提案されています。たとえば、その対処方法の一つは、**学習者同士が互いに協力することの必要性**です。特に、英語ということばの面でのつまずきを学習者同士で補うことです。授業活動でこの点がうまく機能していなかったので、このような生徒同士の活動を支援することが提案されています。

生徒の英語力に関する調査で、英語と理科の成績を比較したものがあります。Isahak氏の研究グループが2008年に実施した小学校5年生3,903人の調査によれば、実に、75%の生徒が理科の教師がどうして英語で授業をするかということに理解を示していないし、むずかしいと考え、80%の理科の教師は英語と母語の両方を使い、理科と英語の成績は平均より低くなってしまった、という報告があります。この調査では、**英語力の低い生徒の多くは理科の成績もよくないという結果**を報告しています。この調査結果は大きな懸念を与えました。つまり、国の学力標準テストとなっている2008年の小学校修了試験結果とは異なるものだったからです。2008年の小学校修了試験結果は6年間TESMEを実施した人たちにとってはうれしい結果でした。英語でAを取った生徒の数は、過去5年間の平均と較べても、4.4%増加しました。数学と理解の試験でも、英語で答えることに自信を持つ生徒の割合が、数学で46.6%、理科で31.1%という回答となっています。しかし、全体的に見ると、数学と理科の試験の結果は悪かったのです。結局、TESMEにはやはり問題があるという結論となりました。

理科と数学の教師には、2003年から英語で指導するための研修が実施されました。そのような研修を通して、大多数の教師は、理科や数学について英語で話しをしたり、英語で理科や数学の教材を読んで理解したりすることができるようになったと言っています。しかし、この点をさらに分析してみると、教員養成段階では44.3%、現職教員研修段階では31.4%の教師が、理科や数学を教える上での英語を話す自信はつかなかったと回答しています。約84.7%の教師は、生徒が理科や数学を英語で学ぶ手助けをする必要があると報告しています。教師は英語で理科を教える準備ができていると考えていますが、英語も理科も苦手な生徒などに対してどのようにしたらよいのか実践的な研修がもっと必要だと述べています。たしかに、早急にTESMEを導入したために、**教師の準備が「どう教えるか」ということにまで行き届かなかった**という課題が残りました。

TESMEの英語コース教材の作成のほかにも、教育省は小学校から大学受験までのCLIL的な教

え方のコースの開発を提示してきました。教材開発のガイドラインは現在のカリキュラムデザインと関連していますが、さらに、適切な教育理論を取り込んで、考える力を養うように計画される必要があります。この問題を解決するには、開発された教材を使ってどのように指導するのかということを考えなければいけません。また、学習者の学習スタイルの多様さに対応して、ICTなどの技術を利用することも考えなければいけません。TESMEの教材は、概してよくできていて、使いやすいということが調査から分かっています。教師の大多数は効果的と考えていますが、教師が理科や数学を英語で教えるには、さらに**「どのように教えるか」というサポートが必要**であると考えているのです。

　たとえば、学習者の知的レベルに配慮した活動がなされていないことが多いのです。理科や数学の授業の観察から分かることは、教師と生徒の間のやりとりの中で「考える」という活動が少ないということでした。教師は、理科の授業で考えることをあまりさせることなく、すぐに答えを教えました。その理由として、教材を効果的に使えない教師は、シラバス通りにただ実施するだけで十分な準備時間がないなどを挙げています。このような教師のCLIL授業の知識や技能の不足には、教材として、インターネットの活用や携帯電話やEメールなどの利用によって改善できると考えられます。

　行政からの継続的な支援がTESMEの円滑な実施に貢献してきました。しかし、2012年からTESMEは廃止となることが決まっています。このような政策には、今後も紆余曲折があると考えられますが、マレーシアでのCLILは失敗だったかもしれません。この失敗は、**アジアという地域を考える必要**があります。マレーシアでの取り組みはあまりに早急すぎたために、さまざまな反対が起きたのです。今後、アジアの国でCLILのようなプログラムを実施する上では、ヨーロッパとは異なる環境を考慮して推進する必要があるでしょう。

3.7　アジアの他の国でのCLIL

　マレーシアでの英語による理科と数学のCLIL実践の実態は、Sopia Md Yassin氏のレポートをもとにまとめました。マレーシアのTESMEはこれからも紆余曲折がありそうで、多様な観点があります。一概に何が成功で何が失敗かを特定することはむずかしいですが、いずれにしても、2012年から数学や理科がマレー語で教えられるようになります。しかし、英語のニーズはアジア全体で高く、マレーシアでもこの流れが逆行することはないでしょう。CLILは何らかの形で継続していくはずです。

　それでは、他のアジアの国ではどうでしょうか。早期英語教育の流れは止まりません。逆に加熱しています。日本では、小学校英語教育の導入には反対の意見も根強くありますが、アジ

アの他の国ではあまり聞きません。マレーシアでは、マレー語の国語としての地位を高めようとする動きにより英語によるCLILは反対されたという経緯がありますが、マレーシア自体は多言語であり、英語は小学校から教えられています。実際に英語は教育上でも重要なことばです。シンガポール、香港、フィリピンなどでは、事情は異なりますが、母語と英語の両方が重要なことばとなっています。インドネシア、タイなどでも英語教育はますます推進されています。中国、台湾、韓国などでは英語教育は加熱気味です。多くの国は、確実に英語指導重視の方向に向いています。

　アジアでのCLILは、マレーシアの例で分かるように、ほとんどが「英語で教える〜」となります。しかし、多言語状況あるいはマイノリティーのことばを考えてみると、CLILに該当する授業は多くあります。ある内容を学ぶ場合にそれを教える教師や教材が対象となることばでしか提供されていないとすれば、そこにはCLIL的な状況が生まれています。そのような状況ではことばに対する支援が不足している可能性があるので、CLIL指導の考えは生かされるのです。

　アジアでのCLILは、ヨーロッパの状況とはやはり異なると考えるべきでしょう。しかし、まだ実践が少なく、実施するとなると、マレーシアのような状況が当然予想されます。ここで、第1章で提示した**CLIL指導のモデルを生み出す4つの公理**の関係をもう一度確認しておきましょう。アジアの社会や文化の状況を背景として考えると、次のように修正して考えるほうがよいかもしれません。

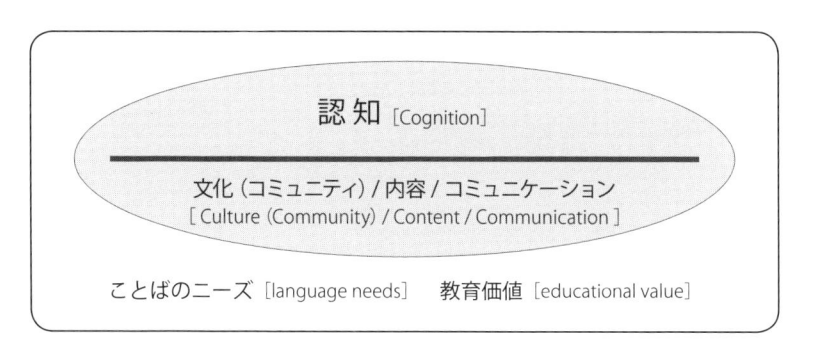

認 知 [Cognition]

文化（コミュニティ）／内容／コミュニケーション
[Culture (Community) / Content / Communication]

ことばのニーズ [language needs]　　教育価値 [educational value]

　ヨーロッパでは前提となっていることばのニーズ、つまり、**そのことばをなぜCLILの授業で使う必要があるのか、**ということを、きちんと了解しておく必要があります。また、CLILを実施する教育的価値は何かということにも、ある程度の了解が必要です。アジアでは圧倒的に**英語学習ニーズが高く、英語を学ぶことの教育的価値が高い**という背景があります。しかし、母語をおろそかにすることは、アイデンティティの問題とも関係する危険をはらんでいます。CLILの実施にあたっては、その点に十分配慮しておく必要があるでしょう。

第4章　日本でのCLIL実践

　日本でのCLIL実践はまだ少ないと言えます。もちろん、これまでバイリンガル教育やイマーションプログラムなどが実施されてきました。また、英語を媒介とした授業や講義は多くあります。それらを含めるとCLILの歴史はそれなりにあると言えますが、本書で提言するCLILには該当しません。ヨーロッパでもCLIL授業に対する考え方は多様で、議論があります。ここではCLILの定義はさておき、いくつかのCLIL実践例を示しておきます。

　現在、小学校英語教育は、日本の外国語教育では最も関心のある話題の一つとなっています。さらには就学前からの英語教育の充実は相変わらず注目されています。中でも「英語に親しむ」ことを目的とした活動が奨励されてきました。このような活動の中にもCLIL的な要素は多々あります。「これはCLIL」「あれはCLILではない」と定義することより、より効果的な学習を提供することが大切でしょう。その意味から、CLILとして実施した事例を、小学校、高校、大学について報告します。残念ながら、中学校の実践例は紹介できません。中学校では、カリキュラム上の制約があり、まだ馴染みがなく、実施はむずかしいと考えられているようです。その点を考慮して実践例を参考にしていただくとよいでしょう。また、いずれの実践例もCLILのことばは英語ですが、他のことばでも応用は可能です。なお、海外での日本語教育ではCLILの実践例が報告されていますが、本書では扱わないことにします。いずれにしてもここで紹介する事例がきっかけとなり、多くのCLIL実践が行なわれることを願ってやみません。

　英語教育の観点から付け加えておくことがあります。一つは、日本での大学英語教育を考えた場合、ESPとの関連を理解しておく必要があるということです。大学では、ESPあるいはEAPが注目され、実践されるようになっているからです。ESPなどの教科書も多く発売されるようになり、教材も揃ってきました。そこで、**ESPは、CLILと相反するものではない**ということを理解しておく必要があります。CLILから考えれば、ESPもCLILの一形態です。ESPから考えると、CLILの授業でも特定目標が設定され、ある分野に特化する授業であれば、それはESPと呼ばれます。ESPは応用言語学としてもある程度確立した理論に則っています。その理論はCLILとは違うものですが、教師や学習者からすると、教室で学ぶ過程や内容は同じ可能性があります。もう一つは、早期英語教育でよく用いられる活動のイングリッシュシャワーです。これは、CLILだけに特徴的な活動ではありませんが、CLILにおいても、一つの効果的な活動であることに変わりありません。

CLILは、新しい発想による教育アプローチです。CLILの意義は、このような新しい発想が、**ことばを教える教師の思い込みや教え方を変える可能性**がある点にあります。ここで紹介する事例は、実験的な授業の取り組みです。今後さらなる発展が期待されますが、そのためには、まず、**教師が発想を変える必要**があるのです。

4.1　森村学園初等部のCLIL実践（ブリティッシュ・カウンシル）

　CLILは、異なる状況や場面で使われることばを拾い集めるというように、ことばの発達の自然な状況を提供すると言われます。ここでは、ブリティッシュ・カウンシル（British Council）が協力して、2005年4月から実施したイマーションではない環境におけるCLILアプローチの実践を紹介します。この内容は、IATEFL（国際英語教師学会）で発表したものです。ブリティッシュ・カウンシルでは、この初等部の英語プログラムの導入にあたって3人の教師を森村学園に派遣しました。

　森村学園は、横浜にある私立の学校です。1年生から6年生まで延べ約720人の児童が、この英語プログラムにかかわりました。文法や語彙が学べるように**タスク基盤型（task-based）**の活動を盛り込んだシラバスを作成し、英語授業では通常『New English Parade』という教科書を使って指導しました。そこで学んだことばをタスクの中で使えるようにと、授業を考えました。ここでは、タスクの一例「Hello from Morimura」を紹介しましょう。

　簡単な現在単純時制の言い方を使って生徒同士でインタビューをするというメディア場面を想定したシミュレーション活動です。CLILは他の科目の教師と協同して教えられるときにだけ実施、**ティームティーチング**のかたちで、CLIL教師のTom Ledbury氏と家庭科の教師の添田知子氏が、6年生120人に、伝統的なウェールズのお菓子の作り方（How to make welshcakes）を教えました。

4.2　ウェルシュ・ケーキを作る（How to make welshcakes）：準備

　実際に授業をするにあたり、どのように準備し、どのようなねらいで、どのような手順で授業をしたのかを説明しておきます。

CLIL授業の教材準備

1) welshcakesの作り方を示すポスター

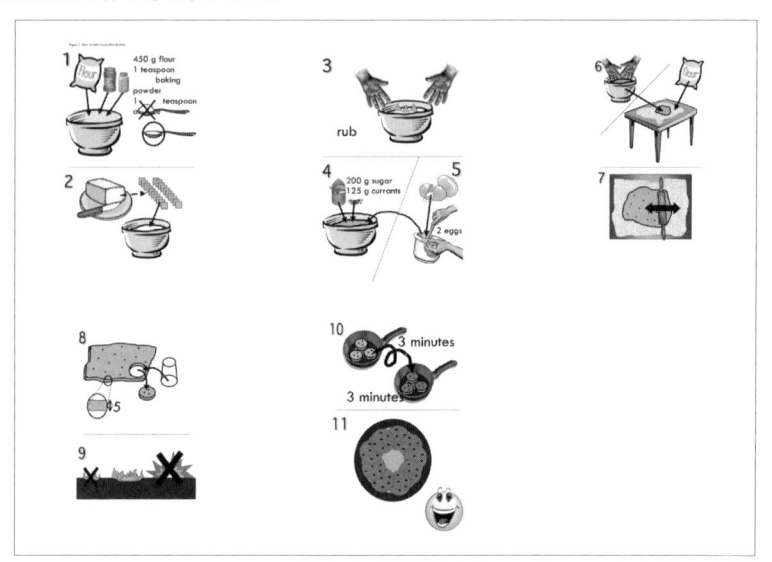

2) 分量と材料を組み合わせる活動（Handout 1）
3) 基本動詞（add, beat, cook, cut, heat, mix, roll out, rub, turn over, use）の穴埋め活動（Handout 2）

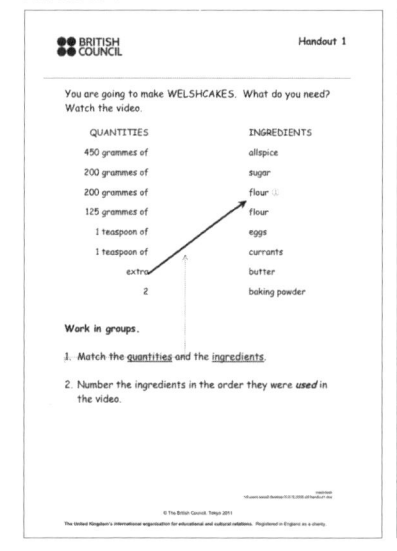

Handout 1

Handout 2

4）二人の教師がwelshcakesを作っているレシピをLedbury氏が説明するビデオ録画

CLIL授業のねらい

1）食材 (ingredients) の名前を学ぶ。
2）食材の分量を理解し、言える。
3）レシピで使われる基本動詞の意味を理解できる。
4）キッチンで実際の食材を使ってレシピを説明するビデオを視聴して、次の二つのタスクを配布したハンドアウトを利用して行なう。
   - 分量と食材をマッチさせる (Handout 1)
   - レシピを読んで、適切な動詞を入れる (Handout 2)

CLIL授業の手順

家庭科の40分授業が調理実習の準備として2回配当されました。

1）生徒は4人グループとなり、互いに協力して、食材の名前 (flour, baking powder, allspice, currantsなど) を辞書で確認します。次に、分量と食材をマッチさせ、ビデオで視聴することを予想します。
2）動詞を理解するためのポスターを示し、絵を指さし、addやmixなどの動詞を、しぐさを使って教えます。その後、生徒がおぼえるように動作を使って練習します。
3）ポスターといっしょに、レシピの説明の部分のビデオを視聴します。視聴しながら、穴埋め活動の答えを確認し、welshcakesの作り方をすべて視聴します。
4）生徒は4人グループになってレシピを理解するために穴埋め活動の答え合わせを、協力して行ないます。

次回の実際の調理実習に向けて、まず上記の授業を実施しました。

4.3　ウェルシュ・ケーキを作る (How to make welshcakes)：調理実習

上記の授業に続いて、添田氏とLedbury氏は、助手の手伝いを得て、同じ内容の80分授業を3回にわたって、3クラス、延べ120人の生徒に実施しました。この授業活動の中で、生徒は、さまざまな食材を使ってwelshcakesを作り、それを食べて、楽しい時間を過ごしました。教師は、生徒の活動を見て回り、生徒とやりとりをしました。教師と生徒のやりとりは英語にこだわることはありませんでした。特に、ふだんは日本語で教える添田氏が、Ledbury氏と英語を

使って自然にやりとりをしているということが、生徒にとっては強い動機づけとなりました。生徒の調理の活動はビデオに録画しました。授業後にビデオを見ると、驚いたことに、生徒が二人の教師に英語を使って話しかけていたことに気づきました。たとえば、混ぜている生地のボウルを指さして、「Tom, Tom, OK?」と問いかけるとLedbury氏が、「No, mix more. Like this. Faster, faster!」と応え、生徒は「Yes, OK.」と返し、指示通り速く混ぜます。それを見て教師が親指を立て「Good, good! OK!」と応対すると、生徒は教師をまねて同じように親指を立てました。このような場面は、具体的ではないことばの形式や音声をおぼえて、それを活動の中で使うのではなく、しぐさや表情などをことばなどの実際のやりとりを通して、ことばを学ぶよい例です。CLILは、この調理実習のように、指示をする、意欲を喚起する、タスクの達成をほめるなど、**単純なコミュニケーションの行為をする実際の場面を作り出せる**のです。

「楽しくおいしい」

生徒の授業についてのアンケートをまとめると、家庭科の内容が英語で学べるというコンビネーションは、「楽しくて、おいしかった」「何かちょっと変わっていて魅力的で、同時に英語が学べた」というようになります。家庭科の授業の副産物として「英語」を体感し、ケーキを作るということも学びました。生徒の半数以上が、英語の情報はむずかしかったけれど、ポスターなどの図解がレシピを分かりやすくしてくれたと考えています。さらに、体育、社会、算数、音楽、歴史なども英語で学んでみたいと言っていました。一番受けてみたいCLIL授業は体育で、好きなスポーツや応援のしかたを学びたいという要望がありました。

「コミュニケーションはキャッチボールのようだ」

「コミュニケーションはキャッチボールのようだ」と生徒が考えるので、このCLILプロジェクトはよいと、添田氏は述べています。生徒は、教師が英語で話しているのを見て、「一人が一つのことを話すと、もう一人がその場ですぐに応える」ということを実感したのです。英語教師以外の英語を母語としない教師がコミュニケーションの手段として英語を使うということが重要だと、添田氏は考え、調理という活動の中で意味のある英語を使うことを示したのです。国際語として使われる英語の重要性に子供が気づくようになることは、とても大切だと彼女は考えています。さらに、Ledbury氏は次のように話しています。「授業の目標がことばを学ぶのでは

なく、welshcakesの作り方を学ぶということです。生徒は、ことばは生きていて呼吸しているということに気づく機会を与えられました。そして、どのように作るかを理解するのに、ことば以外の手段としてしぐさや視覚が必要だということも生徒は学んだのです」これは、まさにCLILの特徴を表しています。

　CLILは、**学習者を自然な状況でCLILのことばが使われる環境に引き込むことができる**ということを、この事例はよく表しています。イマーションプログラムではない授業では、CLILで使われる語彙の事前指導は、生徒がタスクを理解するのに重要です。この次のステップとして、森村学園では、体育の教師とスポーツをトピックとして英語のCLILを展開する予定です。

4.4　小学校でのCLIL実践

　森村学園のような私立小学校では、英語教育が早くからカリキュラムに取り込まれてきました。そのために、このようにCLILを実施する素地があったと言えるでしょう。日本では、2011年より正式に学習指導要領に「外国語活動」として英語が教えられるようになりました。それ以前にも多くの外国語教育の実践が行なわれてきましたが、国際理解教育のもとに、「英語に親しむ」「英語を楽しむ」などのコンセプトで、英語に偏って教えられてきたのが現状です。この傾向はアジアに限らず世界的な流れとなっています。公立の小学校では、学級担任が英語を教えることになっていますので、森村学園の実践は、その面から見てもたいへん参考になる実践です。

　「外国語活動」の一環として、他の教科とのコラボレーションはそれほどむずかしいことではありません。現在でも、ALTなどとのティームティーチングは定着していますので、ALTの知識や技能を応用すれば同様の活動は可能でしょう。また、第1章でも提案している**CLIL指導法を部分的に利用すること**により、さまざまな展開が考えられます。しかし、大きな問題は、英語指導に関する教師のトレーニングの不足です。これは多くの人が指摘しています。ましてや、小学校の教師は英語教育の専門家ではありません。もちろん、英語教員免許を保持している人もいますが、だからと言って、小学校の英語教育はそう簡単にできるものではありません。そこで、発想を変えてみてはいかがでしょうか。森村学園の実践は、その一つのヒントを与えてくれています。

　「**ことばを教えることの発想を変える**」ということです。森村学園のCLIL実践の報告にあるように、「いつもは日本語で教えている家庭科の先生が英語を使っている」ということにヒントがあります。この光景を子供が見るということがとても大切なのです。そこでは、「先生の英語の発音が正確だ」、「正しい英語を話している」という発想は子供にはありません。教師同士が英語

でコミュニケーションを自然にしているということが重要なのです。それは、言い方をかえると、**「意味のやりとり」を行なっている**ということになるのです。いわゆる英語の授業のモデルを示しているわけではないのです。この自然なやりとりを見て、実際に自分でも経験することにより、学習が進むのです。現在の学習指導要領の「外国語活動」の目標にも、CLILの考えは当てはまると考えます。

4.5 川越女子高校のCLIL実践

　さて、次は高校での実践です。中学校のCLIL実践には森村学園の実践が応用できるでしょう。ここで紹介するのは知識内容を学ぶCLILの授業です。紹介する事例は、高校1年生の授業ですので、中学校にも当然応用できるアイディアが入っています。それとともに、CLILを日本の中学校や高校段階で実施する際に解決すべき課題も見いだせるでしょう。

　ここでは、埼玉県立川越女子高等学校の生物の授業のCLIL実践を紹介しましょう。川越女子高校は地域に信頼される歴史のある高校です。文部科学省より2006年度から2010年度までの5年間、スーパー・サイエンス・ハイスクール (SSH: Super Science High School) の指定を受け、理科教育を軸にユニークな授業を展開してきました (2011～2015年度 SSH再指定)。そのプログラムの柱の一つとして教科間連携を課題として取り組んできました。科学技術分野では英語は欠かせないことばとなっていることもあり、理科と英語との教科間連携を模索しました。その際には、特にCLILということを念頭に置いてはいませんでしたが、結局のところCLILが目指す方向性とほぼ同じことを考えていたのです。

　当初は、理科の授業の中で身近で比較的分かりやすいトピックを、**理科の教師と英語の教師でティームティーチング**をする計画を進めていました。教科間連携は、英語に限らず、最近の教育では重要なテーマの一つとなっています。従来の型にはまった教科というコンセプトが少しずつ変わりつつありますが、日本の学校現場ではなかなか従来の考えから抜け出せないのが実態のようです。川越女子高校ではSSHを通して新しい試みにチャレンジしてきました。その一環として、まず、教師によるティームティーチングやペアワークといった活動を取り入れることにより、授業スタイルを変えることを始めました。理科を英語で教えるという試みにより、理科の科目内容と英語ということばの学習を同時に深めていくことが期待できるからです。その発想が、CLIL指導法と一致していたので、ここで報告する授業を、そのような経緯で実験的に実施することになりました。

　理科の授業を英語で行なうことは、教師にとっても生徒にとってもはじめての試みです。どのような意義があるのか暗中模索でした。大学受験を間近に控えている生徒にはやはり諸処の

事情から困難ですが、1年生であればまだ生徒も対応できるのではないかと考えました。まず、CLILで扱うトピックについて検討しました。「既習項目を英語で復習する」「習っていないことを導入する」など、迷いました。生徒にどの程度の内容を英語でアプローチできるのかなど試行錯誤の連続でした。いままでの理科の教師の授業に対する考え方と英語の教師の考え方の違いなど、多くの課題があったことは事実です。何度もディスカッションを重ねた結果が、**CLILの考えに合う授業内容**となり、必然的にCLILの考えがサポートしてくれたことになります。

ここでは、生物Iの授業を指導案と実際の授業展開に沿って説明します。実験的な授業ですが、生物Iの授業と英語Iの授業の教科間連携という設定で実施しました。シラバスなどの制約のために常態的に展開できない点がありますが、結果的には懸念していたよりも好評に終わりました。

4.6　高校の生物IでのCLIL授業の指導案と展開

授業は、理科の佐藤ひな子氏と英語の鈴木誠氏の二人のティームティーチングです。

指導案

授業時間：50分
指導クラス：高校普通科1年生
目標： 多細胞生物（multicellular organism）の細胞（cell）の大きさと機能について、アメーバ（ameba）とゾウの細胞の表面積（surface area）と体積（volume）とを比較しながら理解し、拡散（diffusion）の機能について理解できる。
活動： ● 多細胞生物の細胞が単細胞生物の細胞同様に小さい理由をアメーバとゾウの細胞を比較しながら考える。 ● ある立体を相似的に小さくしていくと、体積あたりの表面積の割合が大きくなっていくことを計算で明らかにする。 ● 拡散（diffusion）で細胞内外に物質運搬する生物にとって、表面積が大きい方がなぜ都合がよいのかを考える。
題材内容：細胞（cell: surface area and volume）　拡散（diffusion）

→次ページへつづく

背景：
この授業は、2009年4月より「生物Ⅰ」を履修している生徒を対象に、6月に実施。補助教材として、ニュージーランドで高校から大学初年次に用いられる教科書『Senior Biology 1: Student Workbook 2008』(BIOZONE)の"Surface area and volume"(pp.123-124)を利用。この授業で利用した部分の教材は、生物の基本単位である細胞が、生物個体の大きさにかかわらず、数μm～数十μmと小さいのはなぜかについて、細胞の代謝を支える細胞内外の物質輸送と関連づけて、英語で説明する。相似形の立方体で比較すると、大きくなればなるほど単位体積あたりの表面積が小さくなり、栄養分等の輸送が困難になっていくことが、どの生物の細胞もある程度の小サイズである理由となっている。この点について英語で理解し考えることに本授業のポイントはある。生徒は、この授業以前に細胞について学び、観察実験を通じて動植物の細胞を観察している。生物が細胞という共通のユニットから成ることは理解していて、また「細胞膜の構造」と「細胞膜をまたいだ物質の輸送」は学習済み。しかし、光合成や呼吸といった細胞レベルでの代謝は、3年生で学ぶ「生物Ⅱ」に含まれるため、「生物が生きるためのエネルギーや物質を生産、または分解するために、細胞の中または細胞膜をまたいで物質が移動する必要がある」ということを理解する必要がある。

言語材料：
glucose / Golgi body / ribosome / nucleus / size cell / red blood cell / surface area / volume / multicellular organism (creature) / diffusion / 2 times 2 times 2 makes 8 cubic centimeters.

学習形態：
- 生物教師による説明（日本語を英語に置き換えて内容に焦点）
- 英語教師による補足（生徒の理解を見ながら、英語のことばに焦点）
- 生徒同士のペアワーク（日本語でも英語でも）
- ワークシート整理（英語で）

指導手順と実際の展開

1) Greeting & attendance check　あいさつ、出席確認
2) Introduction　導入
3) Presentation of today's main topic　本授業のテーマの提示
4) Pair work　ペアワーク
5) Explanation & discussion　説明とディスカッション
6) Wrap up　まとめ

1) Greeting & attendance check　あいさつ、出席確認

授業の冒頭で、理科の佐藤ひな子氏と英語の鈴木誠氏が本授業の目的を英語で説明しました。理科の佐藤氏が、まず「Hello, everyone.」と語りかけ、生物を英語で学ぶ意義について話し、英語の鈴木氏が、「Hello. I was not good at science at school, but today I will start over biology with you.」と続け、授業が始まりました。生徒は二人の教師の英語でのあいさつに目を輝かせて耳を傾けていました。「Are you ready?」のかけ声に「Yes!」と積極的に（手を挙げて）反応しました。生徒は、佐藤氏が英語で話しているのがとても興味深かったようです。

2) Introduction　導入

　ここでは英語授業の導入で一般的なオーラル・イントロダクション（oral introduction）を行ないました。つまり、扱うトピックを二人の教師による対話で導入したわけです。そのおしゃべり（small talk）の中で、授業で扱う題材に軽く触れることから始め、既習の「細胞のしくみ」について佐藤氏が次のように生徒に問いかけました。

佐藤：Do you remember what you learned last time? What did you learn? What was the topic?
生徒：Cell!
鈴木：What is 'cell' in Japanese?
生徒：細胞（日本語で）
佐藤：We looked at the cell structure – how the ribosome, the *Golgi body*, and the nucleus work inside the body of an animal. How does the *Golgi body* work in the cell? How does a *mitochondrion* work in the cell?
（佐藤氏が分かっているかどうか様子を窺う）
生徒：酸素、グルコース？（日本語で）
佐藤：（その発言を拾って）Yes. A mitochondrion can make energy to live by using *oxygen* and *glucose*. So, the mitochondrion is waiting for *oxygen* and *glucose*.

　この授業の前に、佐藤氏は細胞の組織の英語表現についてハンドアウトを配布しておきましたが、英語の授業のように発音などの指導はしていません。しかし、生物の授業で使う英語での言い方を知っていた生徒は、ribosome, Golgi body, nucleus, mitochondrion, glucose, oxygen といった生物用語にも反応できたのです。導入は、このようなかたちで、復習を英語で行ないながら進みました。

第4章 ｜ 日本でのCLIL実践　　　　　　　　　　　　　　　　　　　　　　　　　　098

3) Presentation of today's main topic　本授業のテーマの提示

　ここから、本授業で扱うテーマ（細胞の大きさ）の提示になります。鈴木氏が次のように切り出します。

鈴木：OK. You have learned what the function of a cell is. Now today's topic is the size of a cell. I believe you already know about the size of some kinds of cells. Let me give you an example. How large is a red blood cell?
生徒：5μ (micro) meters.
鈴木：Good. Well then, how large is a mouth cell? How large is an ameba? ...

　鈴木氏がこのように問いかけ、自然に生徒の答えを引き出していきました。次に、多細胞生物の細胞へと生徒の関心を促すために、アメーバとゾウのイラストを示しました。
　そこで、ゾウの細胞の大きさに関する質問のやりとりを次のようにしました。

鈴木：Now, what about this? How large is a cell in an elephant?
佐藤：I'll give you five choices. Guess which is correct. Choices are: A. 5 μm, B. 50μm, C. 500 μm, D. 5 mm, and E. 5 cm.
生徒：え〜？　どれだろう？
佐藤：The answer is B. Remember that a cell size is very small. Multicellular organisms including us human beings have as small cells as single cellular organisms such as amebas.

©iStockphoto.com / Ryan Tracy　　　　　　©iStockphoto.com / Nancy Nehring

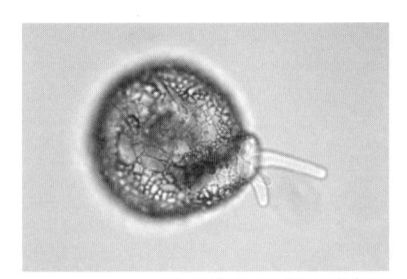

　このように説明して、佐藤氏は、キューブ形の細胞モデル（1辺2cmの立方体とそれが8個合わさった立方体）を黒板に貼りました。さらに、二人の教師のやりとりが続きます。生徒は二人の教師の会話を聞いて、小声で反応しています。

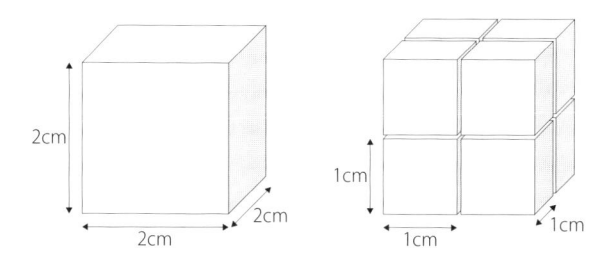

佐藤：（2つのキューブ状の細胞を見せて）Now look at these.

鈴木：They look like cubes.

佐藤：Yes, they are. Each cube shows a model of cell.

鈴木：OK. I understand this is just an example of cells of different sizes. This area shows a surface area or '表面積' in Japanese, and this whole thing is a volume or '体積'. Is that right, Sato sensei?

佐藤：That's right. Why don't we say the words in English?

鈴木：OK. Now, class, repeat after me, please. Surface area. Volume.

生徒：（くり返して）Surface area! Volume!

佐藤：Good. Once again, let's look at the surface area and the volume.

このようなかたちで教師同士がやりとりをしながら説明をしていきました。生徒を巻き込んでこのようなやりとりができるとよいのですが、実験的なCLILの授業ということもあり、鈴木氏が生徒の代わりをしています。しかし、授業の中では、生徒は小声で隣の生徒に英語で話しかけていました。それを察知して、佐藤氏が生徒に発音する機会を与えたのです。

4) Pair work　ペアワーク

次は生徒のペアワークです。細胞の大きさとその意味や役割について理解させるために、次のワークシートの計算式を埋めるように指示しました。

Cube size	Surface area	Volume	Surface-area-to-volume ration
2cm cube	$2 \times 2 \times 6 = 24 cm^2$	$2 \times 2 \times 2 = 8 cm^3$	24 to 8 = 3 to 1
3cm cube			
4cm cube			
5cm cube			

ここでは、計算式の英語での言い表し方（2 times 2 times 2 makes eight. など）を、ペアワークによる英語でのやりとりを想定して練習しておきます。表の記入が終わったら、ペアで答え合わせをするように指示します。その際に、やりとりを英語でするようにさりげなく指示しておきます。鈴木氏は、指示を出し、生徒の答え合わせの様子を確認します。必要があればサポートします。佐藤氏は、さらに計算式から何が読み取れるかを生徒に問いかけます。この場面では必要に応じて日本語で質問しました。

数名の生徒が、「先生、キューブが大きいほど表面積は小さくなります」と言い出しました。それを聞いて、佐藤氏が次のように鈴木氏に話しかけます。

佐藤：How big is each cube?

鈴木：Let's calculate how big each one is. First, let's look at the surface area of this cube. 2cm times 2 cm times 6 makes 24 cm^2. Repeat after me.（生徒がくり返して言う）For the volume of this cube, 2 times 2 times 2 makes 8 cm^3. Repeat.（生徒がくり返す）...

佐藤：The volume of both one large cube and eight small cubes are exactly the same, right? Well, what about the surface area? Now, let's try to complete the table in your worksheet and compare it with your friends. One large cube has a less surface area than eight small cubes! Is that right?

このとき、二人の教師の英語に倣って、生徒たちが英語で自然と反応していました。計算式の言い方をくり返し練習した後に、生徒同士でも英語でやりとりが始まり、計算が違っていると、「No!」と言って、正しい計算と数字を英語で確認しあっていました。生徒の興味が英語ではなく、内容に向かっていることがよく分かりました。

5) Explanation & discussion　説明とディスカッション

ここでは、佐藤氏による説明が主な活動となります。ゾウの図とアメーバの図を再度比較しながら、多細胞生物はアメーバと同じ小さな細胞を有しており、細胞同士が表面積を介して栄養分を運搬しているといった内容を説明します。ここで初めて「拡散（diffusion）」というこの授業でのキーワードを提示します。「拡散現象」についてはすでに授業で扱っていますが、さらに

拡散はなぜ細胞にとって効果的なのかを生徒に問いかけます。当然生徒にとって英語で答えるのがむずかしいと考えられる内容もあったので、生徒の反応を見ながら、英語だけではなく、日本語でも説明しています。英語での説明の一例は次のようになります。

佐藤：You have learned from the chart that, when the cell is smaller, the surface area is bigger, compared to the bigger cells. And if the cell is smaller and the surface is bigger, diffusion will be effective.

6) Wrap up　まとめ

授業の終わりは、教師のやりとりでまとめをしました。鈴木氏がこの授業で学んだことを確認し、それに佐藤氏が応え、人体の細胞も、ゾウやアメーバの細胞と同じように、拡散によって栄養分を効率よく運搬し、うまく機能していることをまとめて授業を終えました。

鈴木：Sato sensei, I have learned that the cell of a multicellular organism is small in size no matter how large the body is. It is very interesting to me.
佐藤：Right. That's the mystery of a cell. Inside our body as well, many kinds of cells function well so that diffusion works efficiently.
鈴木：Thank you, Sato sensei.（To students）Do you understand the concept of diffusion? If you have any questions, please come to us after class. That's it for today.

4.7　CLIL 授業をふりかえって

CLIL 授業に限ったことではありませんが、特に、**CLILや教科間連携ではICT利用や視覚教材などの補助が欠かせない**と感じます。生徒に不足している科目内容の知識やことばの知識を視覚的に訴えることができ、教師にとってもできるかぎり簡単なCLILのことばを使って、授業を進める手助けとなるからです。また、このCLIL授業を実施して重要と認識できた点は、**ティームティーチングでの教師のやりとり**でした。一人の教師による授業よりも、教師のやりとりを聞かせることで、生徒はCLILのことばとしての英語の情報を意味として聞き、以前学習したことを参考に、意識して整理していたようです。

授業後のアンケートにも、「佐藤先生と鈴木先生の連携がとてもよかった」という感想がありました。教師がCLILのことばを使うことで、生徒同士のペアワークの促進にもつながったと言えます。特に、理科教師の佐藤氏がふだんと違い、英語を使って話しているということが生徒には相当の刺激となったようです。生徒のペアワークを観察していると、教師の指示通り、計算式を英語で言い、コミュニケーションを自然に取っていることが分かりました。「Yes, that's right!」などと楽しそうに答えを確認し合っている場面さえ見られました。

　授業の終わりの数分を使って、生徒に授業アンケートを実施しました。4段階のスケールで回答する質問を8つ、記述の質問を3つ用意しました。4が「たいへんそう思う」「できた」など肯定的な回答を表し、1が「全くそう思わない」「できない」という否定的な回答を表しています。結果としては、生徒は理科と英語の共同授業を好意的に受け止めているということが分かりました。このCLIL授業は3クラスでほぼ同じ内容で実施しましたが、生徒の受け止め方が多少違っている点もあり、興味深い結果でした。活発に活動するクラスとそうではないクラスがあり、反応はさまざまで、CLILの効果測定という点では今後さらに継続的な調査研究が必要です。しかし、**総じてCLILは好評であったことは確か**です。

表1：授業後のアンケート結果

	質問項目	A組	B組	C組	平均
1	英語をツールとして用いる	3.3	3.0	3.2	3.1
2	英語が他教科を学ぶツールとなっている	3.5	3.1	3.4	3.3
3	授業内容を理解できた	3.5	3.2	3.3	3.3
4	授業に興味をもてた	3.6	3.1	3.4	3.4
5	英語と生物の関連性を実感できた	3.4	2.9	3.1	3.1
6	また今回のような授業を受けてみたい	3.4	2.9	2.9	3.1
7	通常の生物の授業に比べて学習意欲が高まった	3.4	2.9	3.0	3.1
8	通常の英語の授業に比べて学習意欲が高まった	3.5	3.0	3.1	3.2

　表1のアンケート結果は、授業を実施したときのクラスの雰囲気や活気の程度から十分に予想できるものでした。各クラスの通常の単独授業への取り組みについての教師側の印象は、A組が英語、生物両方の授業に意欲的、B組が両方にやや消極的、C組が英語にやや消極的なものの生物には意欲的でした。こうした関連する科目への興味関心の度合いがアンケート結果にも反映されていると考えられます。C組は関心が高いものの、「6　また今回のような授業を受けて

みたい」という質問に対しては、B組と同じ2.9というやや低い数値となりました。これは、生徒が英語に苦手意識があるためにやや尻込みしていることが推測されます。しかし、「2 英語が他教科を学ぶツールとなっている」という質問に対しては、C組の数値が3.4と高いため、生物への関心をきっかけに英語の学習意欲を高めていく可能性を示唆しているとも言えそうです。英語と生物両方の科目に興味関心が相対的に低いクラスと考えられるB組に関しては、残念ながら、生徒の関心を引きつけることができたとは言えないようです。

B組に関しては多少課題が残りましたが、総じてCLILの授業は好評だったことをアンケート結果は示しています。英語で生物を教えることには、当初むずかしい面もあると考えていましたが、総合すると成功と言ってよいでしょう。「案ずるより産むが易し」という結果になったと満足しています。特に、「4 授業に興味をもてた」が3.4という数値になったことが、生徒にとって**CLIL授業は十分に可能性がある**ことを明確に示しています。

4.8 実践的なCLIL授業に向けて

ここで紹介したCLIL授業の展開は、川越女子高校での**教科間連携という課題の中の一つの試み**にすぎません。教科間連携という課題では、ティームティーチング以外にもさまざまな取り組みを実施してきました。英語の授業で他教科の資料を生徒に配付して活用する、連携する教科担当者に関連のテーマについて話してもらう時間を設けるなど、英語で学習する内容と関連するように工夫をしています。これらの授業形態はCLILとは直接関係ありませんが、CLILが科目内容と外国語が統合する授業と考えれば、間接的に関連します。日本の高校現場では英語と他教科をどう統合していくのかが一つの課題となっていますので、さまざまな連携を模索していくことが大切と考えています。ここで紹介した授業は、理科担当の佐藤氏が英語に堪能でありかつ意欲があったために、英語担当の鈴木氏とのティームティーチングが可能となりました。しかし、実際の教育現場では、恒常的にこのような授業を実施することは時間的にも人的にもむずかしいのが現実です。

授業実施には、十分な事前の準備が必要です。この授業実施にあたっては、鈴木氏は授業で扱う生物の内容について、佐藤氏から事前に資料をもとに簡単な説明を受けて、授業準備を進めました。そこで、英語で進める授業展開を考慮して、二人の教師の役割をはっきりさせることにしました。英語の鈴木氏は、指示を与える、佐藤氏に質問するなど、生徒とのコミュニケーションに配慮し、理科の佐藤氏は、授業内容の説明や質問や応答など英語を使ってやりとりすることに集中するようにしました。そして、生徒とのやりとりでは、クラス全体で行なう場合と、ペアワークなどの場合では、自然に英語を使うことを促すようにしました。

CLILの授業展開を考えるときに、一人の教師が科目内容とことばの両方に精通している必要がないことは、この事例から明らかです。ティームティーチングという授業形態は、カタロニアの例でも示したとおり有効です。**ティームティーチングも形態は多様**で、連携の方法は工夫次第です。必ずしも教室でいっしょに授業をする必要はないのです。CLILでは、科目内容とことばの関連を教師が事前に打ち合わせ、情報を交換し、協力して授業を行なうという心構えさえあれば、CLIL授業は誰もが取り組めます。

　理科と英語の授業展開であれば、理科の教師はその内容に関する知識や必要な用語を英語で提供し、必要に応じて日本語で説明する場合もあってよいでしょう。英語教師は、その内容をできるかぎり生徒に届きやすい英語に置き換えて、生徒に学習環境を提供することを考えます。あるいは、部分的なCLILを実施することも可能でしょう。授業の最初のあいさつや導入時のSmall Talkだけでも科目内容と関連する英語でやりとりすると生徒の関心を引きます。鈴木氏は、英語教師としてそのような活動をふだんの英語授業でも実践しています。そのような活動の積み重ねにより、生徒は内容に関心を持ち、英語で授業を受ける準備ができてきます。また、CLILで扱う内容は、すでに学習した内容や日頃受けている科目内容よりも少し易しくした内容や身近なトピックに置き換えてもよいでしょう。英語で展開しても、内容が理解しやすければ、生徒の負担を軽減でき、他の科目内容を英語教師が取り上げるという教師の負担も軽減されます。

　理科の佐藤氏はCLILの授業の実施を計画しているとき、「生物を正確な英語で説明しなければ」というプレッシャーがあったそうです。しかし、「英語は生物を学ぶ道具である」と考えれば、必ずしも生物教師の話す英語が「文法的に正しい」必要はなく、普通の英語のコミュニケーション同様に、「通じればよい」と割り切ったことで、気持ちがとても楽になったそうです。「**下手な英語であるにもかかわらず、大きな声で伝えようと努力している大人の姿を生徒に見せることで**、英語を話す行為の前に横たわる障害を少しでも減らせる教育効果もある」と、佐藤氏は考えました。これは、CLIL授業実施にあたってはとても重要な考えです。

　外国語を学ぶ場合、たいてい外国語で「何かを学ぶ」となるのではないでしょうか。ここで紹介したCLIL授業では、ただ何かトピックを扱い英語の勉強をするよりは生徒は「必死」になったと思います。佐藤氏もいつもより必死でした。こうした意識の集中が、生徒だけではなく教師の細胞をいつも以上に活性化させ、さまざまな刺激を与えたようです。生物を日本語で教える場合よりも教える内容は少ないかもしれませんが、「**英語で理解した生物の事象**」は、生徒に新しい視野を提供したのです。実際、生徒の将来を考えれば、多くの分野の学習を進めるには英語は必須です。CLIL授業は、ある面で英語を学ぶ目的を明確に提供できる授業ではないでしょうか。川越女子高校のSSHの目的は、「知識の有機化、有意味化」という言葉で表現されていま

す。「知識の有機化」につながる大きな経験だったと言えるでしょう。

　生徒だけではなく教師も、打ち合わせをしながら授業を作り上げていく過程を楽しみましたが、今後CLILを実施する上での課題も浮き彫りになりました。まず、**CLILの基本知識を理解する上での研修が必要**です。科目内容の教師やことばの教師がCLIL授業ではどのように対処したらよいのかを明確に理解することが重要です。これは、本を読めば分かるようなものではないので、実践が必要です。そのような積み重ねがなければ、CLILのアプローチは廃れてしまうでしょう。特に、学校現場は多忙で、新しい試みはなかなか受け入れられない文化があります。その点については十分配慮する必要があるでしょう。

4.9　埼玉医科大学のCLIL実践

　埼玉医科大学医学部では、2010年4月から1年生の英語授業の中の1時間を使って、CLIL授業の試みを実施しています。医学部の1年生の英語授業は必ずしも「医学英語」という授業ではなく、一般的な英語のコミュニケーション能力の伸長を図るべく、コミュニケーション、リーディング、ライティングなどの授業とともに、CLILという授業を設けています。CLIL授業のコンセプトは次のように設定し、それぞれの担当の教師が、自分の扱える**基礎的な健康科学（health sciences）をトピックとして扱い、高校までの科学知識を英語で整理するという目標**のもとに実施しています。

認知		
・大学での学習習慣形成のための英語に関する内容、ことば、学習スキルの育成 ・持っている知識、技能、態度、興味、経験の英語での応用 ・医学生として英語学習の分析と今後の目標設定 ・高校までに学んだことや他の講義や演習で学んだ知識や技能の英語による利用		
文化（コミュニティ）	内容	コミュニケーション
・医師としての英語学習コミュニティへの意識を持つ ・医学のための英語学習コミュニティの中で他の学生と知識を共有する	・健康科学の基礎知識を英語による医療コミュニティと関連させる ・新しい状況に適応し、活動しながら、英語技能を身につける ・健康科学の基礎知識を英語によって統合する ・英語による文化的な内容を盛り込む	・授業活動で英語によるコミュニケーションに積極的に参加する ・教材内容がコミュニケーションをサポートする ・生徒と教師が意味のやりとりをする ・健康科学の基礎知識を通して英語力を高める

授業は、コーディネーターとして笹島茂氏がカリキュラムの枠組みを作り、5人のネイティブスピーカーの講師がそれぞれトピックを決め授業シラバスを作成し、1クラスの人数を23〜28名として、学期ごとに学生が異なるトピックのクラスを希望で選べるようにしました。その際、笹島氏はそれぞれのクラスに部分的に関与し、学生の支援を行ないました。これもティームティーチングの一形態です。5人の講師はCLILという授業の経験がほとんどなかったため、実施の前にCLILの授業形式について何度か話し合いを重ね、それぞれ指導可能なCLILのシラバスを作り上げました。次がそれぞれの講師のシラバスの概要です。

Mike Gilroy氏のCLILシラバス

授業目標：
- 関連トピックの専門的情報を理解する
- 文脈から語句の意味を推測する
- 短い文章を読んで話し合う
- 図を読み取り、それについて話す

扱う内容例：
- Serious Diseases
- Diet and Fitness（Nutrition & Keeping Fit / Energy and Food）
- Health and Nutrition
- The Eye
- The Human Body
- No Geeks Allowed! – Science for Everyone
- Solar Power
- The Greenhouse Effect

Martin Woodall氏のCLILシラバス

授業目標：
- 英国GCSE（中等教育修了試験）レベルの生物を理解する
- 人体に関する知識を理解する
- 上記の話題について話し、人とコミュニケーションする自信を身につける

扱う内容例：
- Teeth
- The Circulatory System
- The Heart & Pumping Cycle
- Blood Vessels
- Blood, Lungs & Breathing
- The Nervous System
- Neurones & Reflexes
- Homeostasis & Organs Involved in Homeostasis
- X & Y Chromosomes

Stephen O'Toole氏のCLILシラバス

授業目標：
- 英国GCSE（中等教育修了試験）レベルの理科一般を理解する
- 細胞、人体、宇宙などに関する知識を理解する
- コミュニケーション活動を楽しみ、自信を身につける

扱う内容例：
- Life Processes and Cells
- The Digestive system
- Smoking
- Respiration
- Mutations and Natural Selection
- Inheritance and Variation
- Solar System
- The Universe

Frances Gleeson氏のCLILシラバス

授業目標：
- 代替医療を理解する
- 身体の部位について説明できる
- 代替治療について話せる
- 快適なやりとりができる

→次ページへつづく

扱う内容例：
- Complementary/Alternative Medicine
- Related Aspects of Anatomy
- Yoga
- Iris Somatology / Diagnosis
- Aroma Therapy
- Acupuncture
- Homeopathy
- Herbalism and Tactile Therapies

Chad Godfrey氏のCLILシラバス

授業目標：
- 食物が身体を支える様子を理解する
- 食習慣に関する課題を理解する
- 栄養に関する知識や用語を理解する
- 上記の内容をペア、グループ活動を通してコミュニケーションする

扱う内容例：
- Food and Nutrition Related to the Human Body
- Calorie Guidelines
- The Importance of Nutrients
- The Dangers of Fast Food
- Illnesses Associated with Poor Diets

　Gilroy氏とWoodall氏は、2009年度より一部CLILタイプの授業を試行していました。O'Toole氏とGodfrey氏は、一般的な英語を教えてきた経歴があり、英語を教えることには問題ありません。Gleeson氏は、英語指導経験に加えて、オーストラリアで医療科学を勉強し、医療に関する知識が豊富です。5人の講師の知識や経験は違うので、CLILの趣旨を生かし、それぞれの知識をもとに教え方やアイデアを工夫して指導することを確認して、CLILをスタートしました。日頃の情報交換はもちろんのことですが、研修の一環として、それぞ

れの授業をビデオで撮り、互いに授業が見られるようにしました。笹島氏は授業内容をときにレポートしそれぞれの講師に伝え、必要があれば活動に参加し、サポート役に徹しました。各講師が英語の指導に偏らず、内容に注意が向かうように、気をつけました。

4.10 CLIL授業の実際

　それでは、実際にどのような授業をそれぞれの講師が実施したのか見てみましょう。5人の講師には、ふつうの英語指導のようにコミュニケーション能力の育成にこだわる必要はないということを強調して説明しています。また、学生の英語力を考えると、学生同士の英語でのやりとりはむずかしいことが予想されるので、**「日本語禁止」のような指導はしなくてよいこと、教える内容を重視することで一方的な講義形式になってもよいこと**、評価に関しては知識偏重にならないように**活動あるいは課題を重視すること**などについて合意し、互いの創意工夫を尊重することを確認してあります。授業内容がむずかしく、授業についていけない学生については、笹島氏が対応することを話し、授業を巡回することで、何か問題がある場合にはそこで相談し、授業がスムーズに展開するようにしました。以下は、笹島氏の視点から見たそれぞれ5人の講師の授業の様子です。当初、これまで受けてきた英語の授業と違うために戸惑っていた学生もいましたが、実施していく中で、学生が次第に興味を抱くようになっていたのが印象的でした。

1. ことばの指導に重きが置かれたMike Gilroy氏のCLIL授業

　Gilroy氏はCLIL実践が2年目です。ある程度CLILについて理解はしていますが、英語指導には独自の考え方とスタイルを持っています。ウェブ上のCLILの教材をダウンロードしたり、さらにそのような教材を自分で工夫して加工したり、健康や医療のトピックを扱った活動を英語の活動に当てはめて実施していました。また、医療用語の学習も重視し、言い換えや発音などにも配慮していました。図や表の見方や関連する表現なども扱いました。自身の授業に関しては、

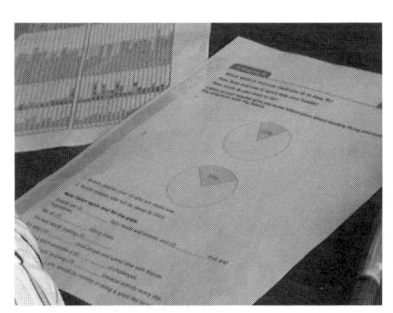

思ったようにはいかないまでも、トピックと活動によっては学生の反応もよく、比較的満足した授業展開ができていたと考えています。実際に、授業では、学生同士のペアワークも活発で、グループワークにも競争の要素を入れるなど、学生は授業に満足している様子が見えました。授業終了後の学生のアンケートにも肯定的な意見が多くありました。

2. タスク重視のMartin Woodall氏のCLIL授業

　Woodall氏もCLILは2年目になります。Woodall氏も学生を活動させることとことばの指導に重きを置きます。イングランドのGCSE（中等教育修了試験）の生物の教材を利用し、そこに出てくる知識や用語について指導しました。Gilroy氏とはアプローチの仕方が少し異なりますが、やはりグループワークなどを基本にして授業を展開しました。学生がそれぞれ問題を自分たちで考えて、互いに相手のグループにその問題を出し合うというような活動をしたり、教材に書かれている内容をまとめたりする課題を課しました。学生の掌握が上手で明るいWoodall氏は、学生を活発に活動させていました。学生も、内容に合わせて、英語を使ってコミュニケーションすることを楽しんでいたようです。

3. 自然な内容のやりとりのあるStephen O'Toole氏のCLIL授業

　O'Toole氏の授業もGCSEを教材とした内容です。O'Toole氏にとっては、CLILははじめてで、当初は戸惑っていたようです。学生に教材を音読させたり、質問をして答えさせるなどのやりとりが多かったのですが、次第に学生に考えさせるという授業になっていきました。その際には、意図したかどうかは別にして、活動を重視するというよりも、内容が重視されるようになっていきました。優しいO'Toole氏は、学生一人ひとりに対して、自然に語りかけることを重視していたのが幸いしたようです。同様にペアワークやグループワークを取り入れて、タスクを重視していましたが、活動の際に、教材に関連する内容を学生の興味に応じて話をしたりすることがありました。学生はそのような話に興味を持ち、教材の内容の理解に自然に向かったようです。クラス

の雰囲気も自然なやりとりの中で内容に集中して学習するようになってきました。

4. 内容を重視したFrances Gleeson氏のCLIL授業

　Gleeson氏にとってもCLILのような形態の授業ははじめてでしたが、human biologyについての知識があったことが意欲を喚起したようです。当初から熱心に授業内容を考えて工夫していました。人体の構造について、模型を使い説明し、スライドを示し、実際にヨガをすることで人体の動きについて説明しました。多少、用語はむずかしい場面もありましたが、学生が学ぶ専門分野と関連する内容であり、知的好奇心を刺激されたようです。しかし、CLIL授業には慣れていないために、活動がおろそかになることもありました。内容がむずかしくなりすぎるために、学生が日本語を使ってしまうことを気にしていました。また、英語ということばの面に焦点を当てようとして、単純な活動になってしまう場面もありました。試行錯誤の連続でしたが、Gleeson氏の意欲と熱心さに学生が大いに刺激されていたようです。

5. 小学校授業内容を応用したChad Godfrey氏のCLIL授業

　Godfrey氏は、笹島氏とともにCLILプログラムを推進する役割をしています。CLILははじめての試みでしたが、当初から意欲的に取り組んでいました。しかし、CLILについては十分な知識がなく、戸惑いもあったようです。Godfrey氏と笹島氏は英語全体のカリキュラムについても事前に何度も話し合いを行ない、医学部1年生の英語指導におけるCLIL授業の位置づけを理解していました。アメリカで小学校教師の経験があり、授業構成に関してはしっかりとした考えを持ち、活動を重視した授業展開をします。内容も、学生が興味を持ちそうなトピックをうまくタスク化して、ペアワークやグループワークを実施していました。学生も、Godfrey氏の熱心な指導に刺激されて意欲的に取りくんでいました。タスク内容がことばの問題に終始してしまう傾向がありましたが、次第にCLILの理念を理解し、またCLIL授業内容について研究し、学生同士の学び合いを尊重するようになっていったようです。いつも授業準備には時間をかけ、ハンドアウトを工

夫し、学生が書き込んだ内容をチェックし、次の授業で返す、というような親身な指導が、学習するコミュニティ形成にうまく作用したようです。「水」を扱った授業内容では、実際にミネラルウォーターと水道水を用意して実験をさせ、小学校教師としての専門性をよく生かしていました。

4.11 今後のCLIL授業展開の可能性

　埼玉医科大学医学部では、これまでも**ESPの理念を生かした授業**を実施するなど、医師として将来活躍する学生にとって必要な英語学習は何かということを考えて英語指導を工夫してきました。CLILはその一環です。ESPはニーズを重視し、医療という特定目的のことばの学習に焦点を当てます。そのために、とかく医学論文や医療用語などの専門性の高い内容を扱う傾向があります。医療の中で使われる英語を自分で分析する力を身につけ、**自律して学習する力を養成するというESPの趣旨はたいへん重要**です。しかし、1年生レベルでの英語学習は、そこまで要求する必要はありません。一般的な英語力の伸長を図る必要があります。その際に、CLILの趣旨が生かされるわけです。

　高校までの理科や数学などの基礎的な科学知識の英語による復習や、これから学ぶ医療や健康科学という内容に関係する英語の学習は、医学部1年生にとって必要な知識や技能に関連します。また、彼らの**英語学習の動機づけとしてかなり有効な方法**だということが、CLILを実施してみてよく分かりました。多くの学生が、CLILの授業に満足し、かつ、CLILを実施することにより、その他の英語授業でも意欲的に学習する姿勢が見られるようになりました。全体的に、CLIL授業を実施したことは効果的であり、今後も続ける価値がある授業形態であることが認識されました。

　しかし、課題が見つかったことも事実です。また、正確に言うと、CLIL授業とは必ずしも言えない可能性があるからです。5人の講師全員がCLILの理念は理解しているけれども、授業でそれが効果的に実践されていない可能性が多々あります。Gleeson氏を除く4人の講師は、扱った健康科学関連のトピックに関する知識が不足しているために、内容は扱っているけれども、結局、**ことばの知識やことばを使う活動に重きを置く授業**となり、ふつうの英語の授業になってしまった場面もありました。

　本来のCLILの理念である「認知、文化（コミュニティ）、内容、コミュニケーション」をどの程度意識できていたかが問題です。**CLILで最も大切な認知が機能していない状況**があったかもしれません。学生自身が考え、工夫し、自然に英語が出てくる、という状況が作り出せているかどうかです。今後さらによいCLIL授業を展開するためには、次の点を改善し研究していく必要

があるでしょう。

- CLIL 授業の研修の実施
- CLIL 授業の教材開発
- ことばの学習に対する発想の転換
- 学ぶ内容の精選

さいごに、このCLIL実践を通して強調しておきたい点は、**教える側の教師が楽しいということ**です。CLILを始めようと笹島氏が提案した際に、5人の教師の全員が乗り気というわけではなかったのですが、実際に教え始めると、それぞれに工夫し始めました。互いに情報を交換しながら、自分の教え方のスタイルに合わせて、授業を展開しました。どのような内容を学生が喜ぶのかが分かってきて、学生から自然に質問が出たりすると、そこでは、自然な内容のあるコミュニケーションが行なわれ始めたのです。このことが、CLILの可能性を暗示しています。埼玉医科大学のCLILは現在も継続中です。少しずつ英語カリキュラム全体に広げていく予定です。

4.12 　上智大学のCLIL実践

上智大学におけるCLILプロジェクトは、**教育イノベーションプログラムの一環**として始まりました。教育イノベーションプログラムとは、新たな教育内容や方法の試みを学内から募り、「上智らしい教育」を実践することで、教育の質の向上を目指すものです。この制度を利用した英語教育の充実を提案したのは、実は教員ではなく職員でした。それには上智大学固有の事情があります。というのは、しばしば「語学の上智」と呼ばれるように、上智大学には定評ある語学教育の伝統がありますが、それは主に文学部や外国語学部の専門学科（英語、ドイツ語、フランス語、スペイン語、ロシア語、ポルトガル語）について言えることで、語学を専門としない学生に対する英語教育については、必ずしも他大学と差別化できていないのではないかという問題提起だったのです。

そのことに問題意識を持った職員の遠藤俊春氏（総務局）がまず相談を持ちかけたのが、渡部良典氏（外国学部言語学副専攻）でした。それを契機に、和泉伸一氏（外国語学部英語学科）と池田真氏（文学部英文学科）、それに提案者の遠藤氏を加えた4人で構成されるプロジェクトチームが発足したのです。ここでは、そのチームによりCLIL講座が開講されるまでのプロセスを報告します。これからCLILを導入しようとする学校・大学の参考にしていただきたいと考えるからです。また、実際のCLILの授業がいかなるものかを実感していただくため、池田氏の実践例

もあわせて紹介しておきます。

4.13　CLILプログラムの開発

　このプロジェクトが始まったのは2008年10月のことでした。それからCLILによる授業が実践されている2010年11月までに、すでに2年の歳月が流れました。プロジェクトの完成（2012年3月）までは、登山で言えばまだ六合目か七合目あたりです。その全体像を鳥瞰するため、これまでの歩みとこれからの道程をチャートに示したのが次の図です。

上智大学CLILプログラムの開発フレームワーク

イノベーション&リノベーションリサイクル

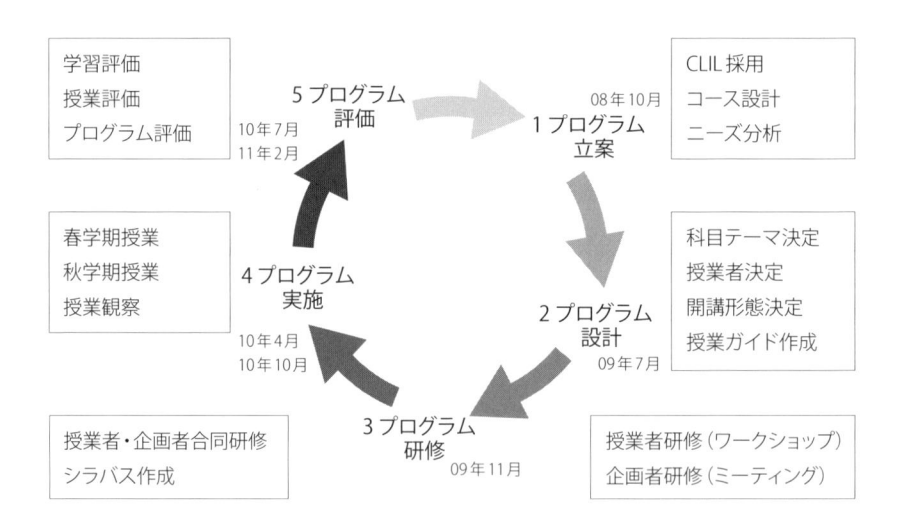

```
学習評価                                         CLIL採用
授業評価        5 プログラム    08年10月         コース設計
プログラム評価      評価        1 プログラム      ニーズ分析
10年7月                         立案
11年2月

春学期授業                                       科目テーマ決定
秋学期授業     4 プログラム                       授業者決定
授業観察         実施        2 プログラム        開講形態決定
              10年4月         設計             授業ガイド作成
              10年10月       09年7月

授業者・企画者合同研修                            授業者研修（ワークショップ）
シラバス作成       3 プログラム                   企画者研修（ミーティング）
                  研修
                 09年11月
```

　一見して分かるとおり、本プロジェクトは「計画→実践→評価」（plan→do→see）を柱とする教育プログラム開発の原理を踏まえた上で進められています。次にその概要を、図に示された段階ごとに述べることにします。

1. プログラム立案（2008年10月～2009年6月）

　プロジェクトが始まってまず行ったことは、どのような英語教育プログラムを立ち上げるかについてのブレインストーミングでした。さまざまなアイディアが出る中で池田氏が提案した

のがCLILでした。というのは、その直前までの1年間、池田氏はロンドン大学を拠点に在外研究を行っており、いくつかの英語教育関係の学会で、CLILに関する知見を得ていたからです。それを受けて、渡部氏がリサーチした最新の論文でCLIL理論についての理解を深め、またCLILに先行してアメリカで行なわれていた内容重視教育（CBI = Content-based Instruction）を評価する和泉氏の後押しもあり、この新しい語学教育法を採用することになりました。

　こうしてアプローチは決まったものの、次の問題はどのような形式のCLILにするかでした。本来ならば、始めから専門的な内容について英語で教えるべきなのかもしれませんが、多くの学生にとって英語で何かを学ぶというのは初めてのことであり、また「英語による初年次教育」という意味合いも兼ね、春学期に集中して学習ストラテジーとしての **EAP（English for Academic Purposes）（学術目的のための英語）** を身につけ、秋学期でそのスキルを使って内容を学ぶほうが、学習効果が高いという考えに達しました。その結果、このコースを仮に **EAP-CLIL** と名づけ、後に **「アカデミック・イングリッシュ」という科目名** にして、以下のようなコースの雛形が生まれたのです。

内容言語統一型英語教育プログラムのイメージ図

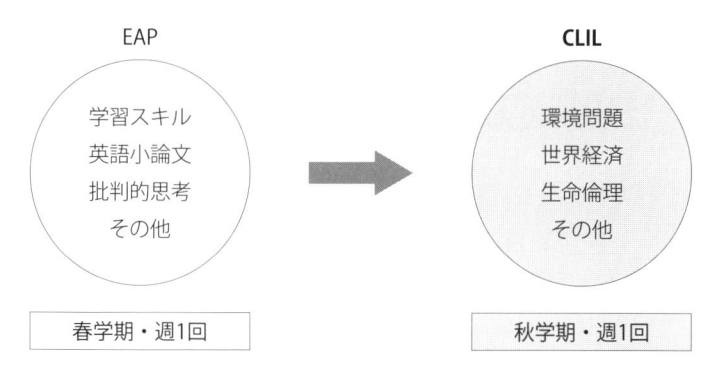

EAP		CLIL
学習スキル 英語小論文 批判的思考 その他	→	環境問題 世界経済 生命倫理 その他
春学期・週1回		秋学期・週1回

　こうして次に取りかかったのは、この基本設計が学生のニーズに合うかの調査でした。それを探るため、英語を専門としない学生が履修する一般外国語センター開講の英語クラスを履修している549名に対して、全学的なアンケート調査を行ないました。質問内容は、英語力の自己分析（語彙、文法、発音、リーディング、リスニング、ライティング、スピーキングに対する自信）、CLILで学びたい分野（神学、文学、法学、経済学、外国語研究、理学、工学など）、EAPで習得したい学習スキル（批判的読み、ノートの取り方、エッセイの書き方、プレゼンの方法、情報検索法など）、そして大学での英語教育（理想の内容と方法、新プログラムに対する意見や要望）についてでした。

この調査で分かったことは、**現在の英語力に満足している学生はわずか7%**に過ぎず、語学力を高めるために新プログラムの履修を希望する学生がEAPで65％、CLILで59％もいるということでした。記述欄にも、「英語をツールとして学習するスタイルが一番だと思います。その意味で新科目は理想的だと思う」「英語そのものを学んだ上で、英語で何かを学ぶ授業は、英語の向上にも専門分野の意欲の向上にもつながると思う」といったコメントが並んでいました。このようにして、いわば学生のお墨付きに自信を得た上で、上智大学では本格的なプログラム設計を進めることにしたのです。

2. プログラム設計（2009年8月〜10月）

　この段階では頻繁にミーティングを持ち、集中的に3つのことを推し進めました。まずは、**EAPで教える学習スキル、CLILで扱うテーマ、各科目を担当する教員の決定**です。学習スキルについては、プロジェクトチームの全員が学習者および指導者としての経験から熟知しているので、その分野の指導書や教科書を参考にしつつ、先に挙げたアンケートの質問項目にあるような内容（批判的読み、ノートの取り方、エッセイの書き方、プレゼンの方法、情報検索法など）を中心にすんなりと決まりました。CLILの内容に関しては全学部学科の学生が対象なので、人文学系、社会科学系、自然科学系、学際系のそれぞれから学生の興味を引きそうなトピックで教えられる担当者を、チームメンバーが学内外の人材から推薦しました。その結果、以下の4つの講座をそろえることとなりました。

- 人文学系　　「英語文学の読み解き方」（非常勤教員担当）
- 社会科学系　「現代日本社会の人類学」（非常勤教員担当）
- 自然科学系　「自然科学と人間の幸せ」（上智大学専任教員担当）
- 学際系　　　「英語で学ぶ異文化間コミュニケーション」（上智短大専任教員担当）

　また、これらの秋学期開講のCLIL科目とペアになり、春学期に同じ時間帯に提供されるEAP科目についても、指導経験が豊富な教員を確保することができました（非常勤教員2名、上智大学専任教員1名、上智短大専任教員1名）。

　このようにしてプログラムの姿が徐々に具体的になってきました。次に検討を迫られたのが、「アカデミック・イングリッシュ」という新規科目をどのようにカリキュラムに位置づけるかでした。プロジェクトが当初望んでいたのは、これらの科目を各学部における専門科目として位置づけるということでしたが、残念ながらそれぞれの学部長からの同意が得られませんでした。そこで、学務担当副学長からのバックアップもあり、全学共通科目としての設置を認めてもら

うこととなりました。この位置づけは、結果としてはとても座りのよいものとなりました。というのも、CLILは単なる語学科目ではないし、かといって学科の専門科目ほど高度な内容を扱うわけではないからです。旧称を使うならば、「一般教養科目」という役割が最もふさわしいかもしれません。

この時期のさいごに、英文による指導ガイドラインの作成に取り組みました。これは、言うなれば、新科目「アカデミック・イングリッシュ」の仕様書となりました。参考までにその内容を日本語で示しておきましょう。

「アカデミック・イングリッシュ」英文ガイドライン目次

謝辞	7 運営方針
1 プログラム概観	8 評価方針
2 コース内容	9 プログラム評価
3 指導法	参考文献
4 シラバス作成	付録（語彙リスト・シラバス・CLILメソッド一覧・
5 教材作成	授業チェックリスト・英語指導表現集）
6 担当者と時間割	

このマニュアルの執筆担当は開発チームメンバーの専門分野に応じて割り振られましたが、完成にはそれなりの時間を要しました。結局、65ページにおよぶ***Academic English Program at Sophia University: Policy and Administration Guidelines***という冊子が出来上がったのは、開講直前の2010年3月でした。

3. プログラム研修（2009年11月〜2010年3月）

指導ガイドブックの作成と平行して行ったことは、開発グループと授業担当者のための教員研修でした。講師の候補に上がったのは、本書の著者の一人でもあるCLILの第一人者、David Marsh氏です。招聘費は、ちょうどこの時期に上智大学が文部科学省の国際化拠点整備事業（グローバル30）の対象に選ばれたため、その予算から捻出できました。Marsh氏には公開講演と本学教員向けの2回のワークショップをお願いしましたが、いずれも盛況でした。CLILに対する関心の高さがよく分かりました。

講演の演題は、「CLIL—ヨーロッパの経験と日本の高等教育への示唆」であり、当日は会場の収容定員150人を大きく超える参加者が、学内外から集まりました。おそらくは、これが日本への初めての本格的なCLILの紹介であったかもしれません。その講演を受けた翌日のワークショップにも合計で約50人の参加があり、「**足場づくり（scaffolding）**」「**社会構成主義（social** constructivism)」「**4つのC（Content, Communication, Cognition, Culture（Community））による授業デザイン**」といった実践的なCLILの指導原理が示されました。「アカデミック・イングリッシュ」の関係者は講義とワークショップの両方に参加しました。また、それとは別に、プロジェクトチームとMarsh氏とで90分のミーティングを持ち、プログラムに対する話し合いがありました。こうして、精神面でも実践面でもさまざまな助力を得て、上智大学のプログラムは実施に向けて大きく前進することとなったのです。

　なお、この他にも、この時期にプロジェクトチームのメンバーは頻繁に顔を合わせ、種々の課題について議論を交わしました。また、シラバス作成前と授業開始前には授業担当者とも合同で打ち合わせを行ない、新学期からの開講に備えました。

4. プログラム実施（2010年4月～1月）

　新学年度となり、「アカデミック・イングリッシュⅠ」（EAP）の履修登録が始まりました。以下がその講義概要です。

「アカデミック・イングリッシュⅠ」講義概要

> このコースでは、英語を用いて学術分野を学ぶためのスキルを体系的に身につけます。具体的には、講義ノートの取り方、ディスカッションの方法、文献の批判的読み方、英語エッセイの書き方などです。これらの技法は、秋学期に開講されるアカデミック・イングリッシュⅡ（トピック中心の科目）で活用し、実践力に磨きをかけます。なお、アカデミック・イングリッシュⅠとⅡは、「クリル」（CLIL = Content and Language Integrated Learning）と呼ばれる、教科学習と言語学習を融合した最新の語学教育メソッドに基づいて教えられます。これにより、英語力、科目知識、学習スキルの3つを伸ばしていきます。

　この科目に対する学生の関心は非常に高く、初年度の総定員が100名（25名×4クラス）のところ、受講希望者が殺到したため、機械抽選となりました。当初は登録条件として英語力の最低基準（TOEIC600点、TOEFL-iBT60点、英検準1級程度）を課すことを考えていましたが、履修者が少なくなることを恐れ、断念した経緯があります。今から思えば杞憂であり、このことにより、クラス内での英語力格差が生まれ、授業効率の低下と授業についてこられない多くの途中離脱者を生んでしまったことは、プログラム運営上のミスであり、次年度以降の改善点となりました。ただ、単位修得者（52名）の**満足度は極めて高い**結果となりました。

　講座終了後に行なったアンケートのうち、授業の質を問う項目を拾うと、全クラスの評価平均値（1「当てはまらない」～ 5「当てはまる」）は次のようになりました。

- 「準備の行き届いた授業だった」　　4.7
- 「明瞭で理解しやすい指導だった」　4.5
- 「授業の目標がはっきりしていた」　4.5

　それに呼応して、記述回答でも、「毎回の授業の内容がとても濃かったように感じます。ふだん、必修となっている英語クラスよりもはるかにレベルが高く、面白かったです。また、毎回ペアを組んでディスカッションをしたり意見を求めたりという態勢は自分にとって刺激的でした」といったコメントに代表されるように、内容の濃さ、レベルの高さ、活動の多さを評価する声が目立ちました。

5. プログラム評価（2011年2月〜3月）

　この報告をしている時点ではさまざまなデータを積み上げている段階です。全ての授業が終わってから、本格的なプログラムの学習効果の検証を行なう予定です。データとしては、学年の始まり（5月）と終わり（2月）に受けてもらうTOEFL-ITPのスコア、春学期・秋学期の期末試験として行なうエッセイテスト、春学期・秋学期終了後の学生による授業アンケート、各担当教員が毎週の授業終了時にMoodle（eラーニングシステム）にアップロードする教材と授業日誌などを予定しています。これらをプロジェクトチームと授業担当者が合同で分析し、主に英語力の伸びと学習スキルの習得を中心に学習成果を測るとともに、来年度に向けてプログラムの改善を行なうことを計画していますが、ここでは経過報告とします。

4.14　CLILの授業例

　続いて、実際にどのような授業をしているのかを報告します。上智大学におけるCLILの本格的授業は秋学期に開講される「アカデミック・イングリッシュⅡ」で、この時点ではまだ終了していません。プログラムがある程度落ち着いてから改めて報告することにして、ここでは、CLILの考えを中心に組み立てられた池田氏が担当した「アカデミック・イングリッシュⅠ」（学習スキルを学ぶEAPコース）の実践例を紹介します。

1. 履修者とシラバス

　池田氏のコースに登録した学生（主に1〜2年生）は、機械抽選による定員枠の25名です。各学生の専門は、哲学、福祉、社会学、法律、国際関係論、諸外国語（ドイツ語・スペイン語・ロシア語）の多岐にわたっていました。英語力としては、開講直後の5月に行なったTOEFL-ITP（語彙・

文法・リーディング・リスニングに関する旧式TOEFLペーパーテスト)の平均スコアで464点(最高点547点、最低点393点)であり、プログラム設計の段階で想定していたレベル(500点以上)よりもかなり下回っていました。その結果、前述のように、毎週の課題(新出語彙リストの作成、文献の読解、Moodleへの意見投稿など)をこなし切れない学生が何人か出て、最終的に単位を修得したのは17名となりました。

　プログラム設計上の「アカデミック・イングリッシュⅠ」の目標は、英語による学習スキルを体系的に習得することです。通常のEAPのコースであるならば、さまざまな分野のトピック(たとえば、死刑制度の是非、地球温暖化の阻止、少子高齢化の問題点など)を「例」として使用し、講義ノートを取らせたり、文献を読ませたり、そのテーマについてグループで討議したりするでしょう。しかし、池田氏のプログラムはCLILを中心に据えたものですので、使用する内容は単なる学習素材ではなく、学習対象そのものです。つまり、学習スキルを訓練すると同時に、内容そのものも習得させることが目的です。

　池田氏がテーマとして選んだのが**「リンガフランカ(世界共通語)としての英語」**でした。池田氏の元来の専門は英語史で、社会言語学との接点が多いため扱いやすいというのが理由です。CLIL授業を行なう場合、教師が教科内容にどれだけ精通しているかは、当然大きな要因となります。また、英語学習者にとって身近で分かりやすい内容であり、学生の興味関心を引きやすいという計算も働いたので、このテーマを選びました。具体的には、「世界での英語の使われ方」「英語帝国主義」「エルフ(ELF = English as a Lingua Franca)」「英語の未来」といった内容でした。コース終了後のアンケートでは、「各回の授業内容が常に同じようなテーマであることは、回数を重ねるごとに理解度が増すのを助けるという点において、すばらしい」というような意見が見られました。全15回のアウトラインは次の表のとおりです。

「アカデミック・イングリッシュⅠ」授業アウトライン

週	ことば(主な学習スキル)	内容(主な学習トピック)
1		オリエンテーション
2	ノートテイキング	「世界の英語」に関する講義を聞く
3	リーディング(スキャニング)	「英語が世界語になった理由」に関する文献を読む
4	クリティカルリスニング	「ELF」に関するインタビューを理解する
5	ディスカッション	「ELF」という考え方の是非を討論する
6	パラグラフライティング (1)	「ELF」についての意見を書く
7	クリティカルリーディング	「言語帝国主義」に関する文献を読む

8	パラグラフライティング (2)	「言語帝国主義」についての意見を書く
9	リーディング(スキミング)	「英語の将来」に関する文献を読む
10	学習スキルの統合	「印欧語」について読み、聞き、話し、考え、書く
11	エッセイライティング	上記のトピックを小論文にまとめる
12	プレゼンテーション (1)	各自が選択した言語・文化・民族に関するトピック
13	プレゼンテーション (2)	各自が選択した言語・文化・民族に関するトピック
14	プレゼンテーション (3)	各自が選択した言語・文化・民族に関するトピック
15		期末試験

　この表は、コースの全体像(学習事項と順序)が一目で分かるように重点だけを抜き出したものです。実際の授業(90分)では4技能を有機的に組み合わせたさまざまな言語活動が行なわれています。次に、授業の一例を紹介します。第10週に行ったインド・ヨーロッパ語をトピックとする授業で、事前準備も含めて再現しましょう。

2. CLIL教材の開発

　CLIL授業を実施するにあたって、現状においては適切な市販の**CLIL教科書はない**と言ってよいでしょう。知る限りでは、ヨーロッパでも数種類しかありません。CLILでは自分で教材を作成しなければならないことが多いのです。それは負担ですが、楽しみでもあります。特に最初のうちは時間がかかりますが、**慣れてくるとCLIL教材は作りやすい**ということが分かってきます。なぜなら、「4つのC (Content, Communication, Cognition, Culture (Community))に代表される方法論が具体的で、実用的だからです。池田氏の場合、次の3ステップで教材を作成しました。池田氏の「印欧語」の授業を例にとり、CLIL教材開発の原理に触れつつ説明しましょう。

ステップ1：インプットのための音声テクストと活字テクストを選ぶ

　ここで言う「インプット」とは、言語材料(語彙、文法、発音など)と科目知識(用語、概念など)の両方を兼ねています。この授業では、印欧語について学んだ上で、英語習得に与える「言語的距離」の影響—英語と母語が似ていると英語習得に有利か否か—を考えさせることを目的としているので、次の素材を用意しました。

■ 音声テクスト
- 印欧語に関するBBCの番組（素材①）(MacNeil-Lehrer Productions/BBC, 1986, The Story of English, Program 2: 'Mother Tongue')
- 印欧諸言語（ポーランド語、ルーマニア語、ベンガル語）と英語の比較ビデオ（素材②）（上記言語の話者に母語と英語を対照させた単語と文を言ってもらい、撮影したもの）

■ 活字テクスト
- 印欧語に関する教科書の一節（素材③）(Schmitt, N. & R. Marsden, 2006, *Why Is English Like That?*, Michigan: The University of Michigan Press, pp. 18-19)
- ヨーロッパの地図と印欧語の系統図（素材④）(Cable, T., 2002, *A Companion to Baugh and Cable's History of the English Language*（3rd ed.), London: Routledge, pp. 18, 20)

■ 数字テクスト
- TOEFL-CBT受験者の国別スコア平均表（素材⑤）(ETS, 2005, 'TOEFL-CBT Total and Section Score Means: Nonnative English-speaking examinees Classified by Geographic Region and Native Country', *TOEFL Test and Score Data Summary: 2004-2005 Test Year Data*, pp. 8-9)

　CLILでは、**言語材料の宝庫であるオーセンティック素材**（語学学習のための教材でないもの）、**内容理解を助ける視覚資料**（写真、イラスト、地図、概念図など）、そして、**論理的思考力を鍛える統計や図表**（数字、グラフなど）の使用が奨励されます。その基準に照らすと、上記の題材はCLILの授業で使うのに適したものであると判断できます。

ステップ2：「4つのC」を満たす言語活動を考える
　素材を精査して、「内容」（知識や技術）、「コミュニケーション」（4技能や学習スキル）、「認知」（知識活用や意見形成）、「文化（コミュニティ）」（ペアワークやグループワーク）に割り当て、それぞれを活性化させるタスクを組みます。「印欧語」の各材料は、次のように分析・分類され、教材作成の青写真としました。

■ 内容（Content）
- 印欧語族について学び、英語習得との関係を考える（素材①〜⑤）

■ コミュニケーション（Communication）
- 印欧語族に関する映像を見て、説明を聞き取る（素材①②）
- 印欧語族に関する文献を読み、情報を読み取る（素材③）
- 英語習得における言語的距離について分析し、話し合う（素材⑤）
- 日本人が英語を苦手とする要因を考え、文章に書く（素材⑤）

■ 認知（Cognition）
- ヨーロッパの言語地図を手がかりに、印欧語の「家系図」を完成させる（素材④）
- TOEFL-CBT受験者の国別スコア平均を分析し、英語習得と言語的距離の関係について考える（素材⑤）

■ 文化（コミュニティ）（Culture（Community））
- 言語的距離に関する分析と議論をグループで行なう（素材④⑤）

以上の手順により、学習する内容と活動が絞られ、レッスンの骨格が定まりました。後は授業の流れを頭に描きながら、それらの配列を考えるだけです。

ステップ3：ハンドアウトやタスクシートを作成する
　授業で使用するワークシートをワープロソフトで作成します。指示文は平易な英語で明確に書き、デザインはシンプルで洗練されたものが望ましいでしょう。「印欧語」の授業で実際に用いたプリントは次のとおりです。

「印欧語」の授業で使用したワークシート

Indo-European languages

Task 1 Read a text about the Indo-European languages (Schmitt, N. & R. Marsden, 2006, *Why Is English Like That?* Michigan: The University of Michigan Press, pp. 18-19) and answer the questions below.

1　What is the Indo-European language family?

2　Where did the Indo-European people originally live?

→次ページへつづく

3 When did they start migrating westward and eastward?

4 Why did they do so?

5 If dialects are separated from each other for 1,500 years, what may happen to them?

Task 2 Listen to three native speakers of Indo-European languages (i.e. Polish, Rumanian, Bengali) answering the following questions in English and in their mother tongue. Can you detect any similarities and differences among the three languages?

Varieties of Indo-European Languages
1. Please talk about yourself briefly in English and in your language.

2. Please say numbers from 1 to 10 in English and in your language.

3. Please read out the following words in English and in your language.
   (1) mother (2) father (3) brother (4) sister (5) divine

4. Please read out the following sentence in English and in your language.
   'Yes, mother, I have three.'

Task 3 Complete the Indo-European family tree by filling in the names of the missing languages. The numbers refer to countries on the map of present-day Europe where the languages are spoken.

Albanian Armenian Breton Bulgarian Czech Danish Dutch English French Greek German Icelandic Irish Italian Latvian Lithuanian Norwegian Persian Polish Portuguese Romanian Russian Scottish Gaelic Spanish Swedish Welsh

Task 4 Analyse the table of the TOEFL-CBT scores (2004-2005) classified by examinees' native country. Does it show any tendencies in terms of language groups and geographic regions? Discuss your findings in groups.

Task 5 Apart from the 'linguistic distance' between English and Japanese, do you think there are any other reasons why the Japanese are not generally good speakers of English? Upload your opinions to the Moodle discussion board. (When you write, pay attention to your paragraph structure.)

3. 授業の流れ

この教材を利用した授業は、次のように展開されました。使用言語は英語です。

(1) ウオーミングアップ（素材①・5分）

BBCの番組を見て、映像と英語音声により印欧語の概念を概観しました。ここでの目的は本授業のトピックを提示するとともに学生の興味を喚起することにあったので、理解のチェックは行ないませんでした。

(2) タスク1（素材③・15分）

言語学テキストからの抜粋（約230語）を読み、設問に答えることで印欧語族のキーポイントをまとめました。答えのチェックは口頭による英問英答で行ないました。

(3) タスク2（素材②・10分）

印欧諸語が元来は同一言語であった痕跡（共通点）を具体的に見るため、ポーランド語、ルーマニア語、ベンガル語の話者が、単語（数字および家族を表す語）と文（数字と家族が含まれているもの）を母語と英語で交互に発音する映像を視聴しました。その後で、各言語と英語が似ていると思う学生と、あまり似ていないと思う学生のそれぞれに挙手してもらい、数名にその理由を尋ねました。

(4) タスク3（素材④・30分）

ヨーロッパの言語地図を参考に印欧語の系統図を完成する問題を与え、グループで考えるようにしました。ただし、英語での各言語名はワークシートに載せておき、発音をクラス全体で練習してから、作業に取り組みました。

(5) タスク4（素材⑤・25分）

TOEFL-CBT受験者の国別スコア平均表を分析し、高得点群の特徴（地域、母語、その他）を議論しました。想定した答えは、地域としては西ヨーロッパ（いわゆるゲルマン系やラテン系の国々）と中南米（メキシコ、ブラジル、アルゼンチンなど）、言語としてはゲルマン語派（オランダ語、デンマーク語、スウェーデン語、ドイツ語など）とイタリック語派（フランス語、スペイン語、ポルトガル語など）、その他としてはイギリスの旧植民地（シンガポールやケニアなど）でした。全グループの意見を集約すると、正確な説明ではないにせよ、ほぼこれらのポイントを網羅していました。

(6) タスク5（5分）

　宿題として、授業で学んだ「言語的距離」以外の点で、日本人にとって英語習得が困難である要因を考え、Moodleに投稿するタスクを与えました。その際には、すでに学習したパラグラフライティングの原則を踏まえて書くように指導しました。以下がその投稿例です。

学生によるMoodleへの投稿例

> I think the reason why the Japanese are not generally good speakers of English is <u>that</u> Japanese is a very useful language for study. For example, the Indian can't study math, science, physics and many other subjects in their local languages, Sanskrit, Hindi, Urdu, etc. That's because these languages don't have enough vocabulary to study them. So, to study these subjects, they have to study English and naturally they can master it. On the other hand, in Japan we can study any subjects in our mother tongue, Japanese. So we needn't master English. That's why Japanese are not good at speaking English. I think useful Japanese makes our English level lower.（下線部のみ修正）

　17の投稿からこの意見を選んで紹介したのには理由があります。それは、これを書いた学生の英語力は決して高いものではなかったのですが（むしろ何とか授業についてこられるレベルでした）、実にコミュニカティブな英文が書けるようになったからでした。もちろん、これは正式なエッセイではなくインターネット上の掲示板への書き込みであるため、文法や綴りにはいくつかのケアレスミスがありました。また、内容的にも指摘すべきところがあります（たとえば、サンスクリットは古語であってローカル言語ではない、ヒンディー語などが語彙不足のためほんとうに学習に適さないのか、など）。ただし、一読して分かるように、全体が「導入→本文→結論」の構成となっていて、連結語句（for example, on the other handなど）の使い方も適切なため、実に意味がよく通ります（多くの日本人学習者はこのようなディスコースを作るのが苦手です）。また、自分の持つ知識を生かして具体的に意見を述べているため、それなりの説得力もあります（抽象的に、「英語使用の機会が少ない」「英語教育が受験偏重である」「日本人は性格が内向的である」などと述べるよりも、よほど工夫があります）。要は、**英語を表現媒体として効果的に用い、思考力をともなう意味内容を人に伝えるということ**が、しっかりとできています。ここに、「印欧語」を題材としたCLIL授業のひとつの成果があります。

4. 授業のふりかえり

　池田氏は、CLIL実践をふりかえり、**「英語を教えるのはこんなに楽しいことだったのか」**と、その感想を述べています。確かに授業の準備は時間も労力もかかり決して楽ではなかったので

すが、学生たちの知識、批判的思考力、英語学習スキルが確実に向上していくのを見ることは、教師冥利に尽きると語っています。

CLIL授業の構成、運営、方法などについては、これまでさまざまな省察や分析があります。池田氏は、このCLIL授業について、多くの教師がどのように考えるかを知るために、教員免許状更新講習で受講者に分析をしてもらいました。ここでは、参加したある**公立中学校英語教師によるCLILの分析**を紹介しておきます。そこには、CLILの利点、問題点、課題が見事に集約されていると考えるからです。

■ CLILの利点
- 生徒が受身でなく主体的に学べる。
- 暗記中心、教え込み中心でなく、思考力を鍛える。
- 眠っているヒマもなく次々にタスクが与えられ、グループワークやペアワークがたくさん盛り込まれている。
- 内容を中心に授業が進められていくので、生徒の興味・関心をぐいぐい引き出していける。
- 意味のあることを英語で学んでいくので、長期記憶に残りやすい。
- 英語力の向上にも学習スキルの向上にも大いに貢献できる。

■ CLILの問題点
- 語彙や文法など基礎的な学力が身についていない生徒にはかなりの困難をともなう。
- ディスカッションやディベートの技能もない、グループワークやペアワークすらうまくできない生徒に対してはむずかしすぎる。
- 昨今の生徒は考えることをなかなかしない。与えられたものを作業的にこなすことは得意でも、自分で考えて何かを作り上げるとか、仲間と討議して問題を解決していくことがなかなかできない。

■ CLILの課題
- CLILの導入にあたっては、教員の力量が大きな問題になる。あれだけの資料、あれだけのタスクをそろえられる教師はなかなかいない。しかも、他教科と連携を取れるような教師もなかなか見当たらない。
- 十分に時間を与えられ、そのことだけに専念できるような特権が与えられれば、やれないことはないかもしれない。しかし中学校の教師は忙しすぎる。部活、生活指導、進路指

導、その他日々の雑事に追われながら教材開発までは絶対に手がまわらない。
- 教材集のようなものが出たり、あるいは教科書に取り入れられたりすれば、年間計画の中に部分的に取り込むことは可能かもしれない。

このような指摘は、CLILに関する論文や報告で盛んに論じられているポイントです。特に、教員養成と研修、教材開発についての指摘は、ヨーロッパのCLILでも最大の懸念です。この教員養成と研修、教材開発が、日本でも、CLIL普及の鍵であることには間違いありません。

4.15　日本におけるCLILのあり方

ここで紹介した日本でのCLIL実践は、ごく一部に過ぎません。CLILは、第1章で詳しく述べたように、イマージョンやバイリンガル教育からランゲージ・シャワー プログラムなどまで多様な実践を含んでいる包括的なアプローチです。ブリティッシュ・カウンシルが後押しする森村学園のCLIL実践、草の根的な川越女子高校の生物と英語のコラボレーション授業の試み、埼玉医科大学での医学基礎教育としてのCLILタイプの英語授業実践、上智大学における大学全体としてのCLIL実践プロジェクトは、すべて発展途上の実践です。今後も変化していくでしょう。また、この授業はCLILとは言えないのではないか、などの批判もあるかもしれません。

上智大学におけるCLILプログラムの立案・内容・実施・評価のあらましと具体的な実践例は、特に、まだ途上の段階です。その取組みを、Marsh氏は「世界的に見ても先駆的」と評しました。その背景には、CLILは、生まれ故郷のヨーロッパでも幼児期の段階であり、初等中等教育での実践は豊富に報告されているものの、大学レベルで本格的に導入しているところが少ないからです。上智大学では、今後も理論と実践の両面においてCLILの研究を続け、英語教育の可能性拡充に貢献していきたいと考えているそうです。上智大学の実践の詳細は、また別に報告される予定ですが、埼玉医科大学での実践も含めて、高等教育段階での英語に特化したCLILの実践は、ひょっとすると、**アジア型のCLILに発展する可能性**があります。

本書の目的は、CLILの普及にあります。また、外国語というと英語が中心となりますが、「新しい発想の外国語指導法」と銘打ったように、CLILは英語だけを学習目標としているわけではありません。学習目標は、ことばであり、内容であり、思考です。欲張りすぎるという批判もあるでしょうが、学習者にとっては、これが楽しいし、面白みがあり、多くの面で効果的なのです。また、多くのCLIL教師が指摘しているとおり、**教師にとっても、CLILはおもしろい**のです。実は、CLILと言わないまでも、同様の活動は多くの授業で実践されているのです。小学校での外国語活動の中で、中学校や高校でのALTとのティームティーチングの中で、また、「英語で授

業をする」英語授業の中で、CLIL的な活動が行なわれています。本書は、このような活動を意識化し、体系化することで、理論的に授業を構築する手助けとなります。

　多くの外国語教育ではCLTが基本になりつつありますが、発音指導、文法指導、語彙指導などの基本的な指導は当然必要です。おそらく、このような基本的なことばの学習は変わりません。しかし、そこで、まず教師側の学習に対する発想を変える必要があるのです。CLILはその点で大いに役立ちます。ことばの教師だけがことばを教えるわけではありません。ことばを学ぶのは、ことばにだけ集中していても、成り立たないのです。また、知識内容を理解したり、伝えたりするためには、ことばが必要です。**内容とことばは関連している**のです。訳読という指導法がいまだに授業で行なわれている背景には、この観点が関連していると思われます。CLILの本来の考え方とは異なるかもしれませんが、日本の中では、ヨーロッパとは異なるCLILがあり得る可能性を秘めているのです。

第5章 CLIL推進のために

　第2章でヨーロッパ、第3章でアジア、第4章で日本のCLIL実践の実際の一端を見ました。第1章で述べられたCLILの理論的背景とは多少違う現実があることが分かります。CLILはいまだ発展途上です。英語のCLILの事例ばかりになりましたが、ヨーロッパでは多様なことばのCLILが実践されています。背景には、長い歴史に根ざす複雑な多言語状況があるからです。アジアにもそれは存在していますが、言語（外国語）教育というと、どうしても英語が強くなります。**CLILの考えは、この英語教育偏重の発想の転換をも図る可能性がある**のです。

　そこでこの章では、再度、**CLIL学習を設定するにあたり何がユニークなのか**を考えましょう。CLILの学習は、教科・科目間のつながりや協力があれば、効果が出ます。この章では、科目内容を外国語で教えるクラスや、外国語クラスで科目内容をどう教えたらよいのかを説明します。科目間の特徴の明確化、具体例の提示、評価の方法、教員同士の協力をどのように進めたらよいのかを理解しましょう。

5.1　CLIL成功のイメージ

　CLILの目標は、多言語社会への対応とともに、学習や個人の成功につながることです。**CLILの学習成果を確認**しておきましょう。

> - **内容**に関連する学習成果
> - 内容を理解する**外国語**に関連する学習成果
> - 一般的**学習スキル**に関連する学習成果

　学習成果は、生徒が将来の生活や仕事に使える知識、能力、態度などに関係します。つまり、生徒が分かることと、分かってできることに関係するのです。
　CLILの学習成果の目標設定にはいくつか明確な特徴があります。

■ 成果を、科目内容、外国語、学習スキルと関連させることはチャレンジ

　CLILの授業をするにあたり、授業前や授業中にすべての成果を考えることは、当初は、教師

にも生徒にも相当の努力を要求しますが、一度理解できれば、すぐに生徒はよい方向に向かい、学習はぐっと進むのです。長い目で見れば、時間的にも効率的です。

■ 外国語を主に教える科目ではないことを考慮

科目内容が効率よく外国語で教えられます。無理と思うかもしれませんが、内容に焦点を当てることにより、かえってことばの学習が促進します。科目内容を教えるクラスで外国語を学ぶことが自然でシステマティックに感じられると、ことばの学習に効果があります。

■ ことばの学習が不足しても科目内容の質は維持

大事なものと大事でないものを区別することは重要です。内容はCLILのプログラムを推進します。生徒の興味を引くのは、新しく分かった知識を意味あるかたちで使う機会があるからです。

■ 外国語学習の成果を引き出すのは内容、関心、ニーズ、タイミング

生徒が必要と感じるときに、科目内容の学習で必要なことばの語彙や談話のパターンを適切に提供することは、ふつうの外国語授業で学習項目を順序だてて教えることとは異なります。

■ 学習成果と学習活動の向上に必要な教師間の協力と調整

教師が協力するのを見て、生徒はグループワークが授業だけの活動ではなく、ふつうの生活の一部だと理解するようになります。協力がなければ、CLILはうまくいきません。科目内容の教師とことばの教師の協力により、共通のテーマを持つことで、クラスを越えて広がり、学習は関連します。学習効果が高まれば、長期的には教師の負担は軽くなるのです。

■ CLILのことばを使うネイティブスピーカーとの連携

教師も生徒もCLILのことばを使うネイティブスピーカーとの交流は、ことばの学習にとって欠かせません。ネットワークは必要に応じて維持しておく必要があります。

■ 内容が文化（コミュニティ）にうまく適合するような連携

意味が生まれることは社会活動のプロセスで、授業が学校外の文化（コミュニティ）とかかわれば、それだけ意義あるものとなります。それは生徒にとって忘れられない授業にもなります。

■ 心理的に安全な学習環境の提供と学習の活性化のバランス

　生徒が心理的に快適に学習することは学習の活性化にとって大切ですが、むずかしいことです。間違いを指摘しすぎると生徒が話すのをやめてしまかもしれません。また、活動を優先して自由にさせると誤りが定着してしまうかもしれません。うまくバランスをとる必要があります。

■ 学習スキルに焦点

　学習スキルに焦点を当てることにより多焦点化が可能です。また、どう学んでいるかを理解することで自分の学習に責任を負います。それは、どう学ぶか（学習ストラテジーや学習スタイル）、どう考えるのか（メタ認知）という意識とかかわり、学習を計画し、評価し、発展させてくれます。そして、成功や喜びに導くように心を強く成長させてくれるのです。

5.2　科目を学ぶクラスでの外国語学習の支援

　どのような科目にも必要な用語があります。その必要なことばを設定することが第一歩です。**「内容理解に必須のことば」**の次に、**「内容に準拠することば」**があります。「内容に準拠することば」は、生徒が考えを表すときに必要で、ある面で生徒が興味を持つことばでもあります。つまり、「内容理解に必須のことば」をアンカーとすると、それが学習やコミュニケーションの基盤として働くのです。「内容理解に必須のことば」には、1) 専門用語、2) 特定の表現、3) 多様な語の意味、4) 統語的な特徴、5) ある内容に関連した言語機能などがあります。これは、生徒が考えを理解したり、質問したり、説明したり、分かっていることを表明したり、発展学習の準備をしたりするのに必要なのです。

　どちらにしても生徒はやりとりをたくさんする必要があります。ことばが使えるようになるためには、会話の中で使う必要があるからです。CLILアプローチの多様な質は、他の指導ストラテジーの中でも、**生徒の興味関心、仲間との協力、状況に応じて対応できる力とかかわり**が強くなっています。これにより、内容の学習が促進され、話し合いの場を作ります。このような機会が外国語の学習にもプラスとなります。

　この考え方は、CLIL教師の意見から得られたものです。科目内容のクラスで外国語の学習に役立つ要素は何かと言われると、明確な言語学習活動や教材とはほとんど関係がありません。次のリストは、あるCLIL教師の経験にもとづいて作成した**CLIL実践のアドバイス**です。

1. 心理的にも物理的にも安全な環境を作る

生徒はことばを使い、誤りに寛容な快適な環境にいる必要があります。生徒同士が間違いを許す雰囲気を作るためには、ルールを作り、きちんと守ることが大切です。互いに協力し、積極的にことばを使うことを奨励する環境を維持しましょう。

2. つねにCLILのことば（外国語）を使う

原則的に外国語を使うことが大切です。必要に応じて、日本語がどうしても必要な場合は使ってもかまいませんが、最小限にとどめておくべきです。日本語はあくまで外国語を使って活動することの橋渡しと考えましょう。

3. 生徒が日本語を使うのをはじめは受け入れる

小学校など入門期の段階では日本語で答えるのをよしとしましょう。3、4ヶ月経たないと自然な発話は無理なので、それまでは外国語を理解することに集中するようにします。半年ほどすると、外国語を少しずつ使うようになります。CLILのことばを使うよう奨励しましょう。中学校や高校でもCLILクラスでは外国語を使うように奨励し、必要な語句は与えます。辞書で調べたりすることも奨励し、あらかじめテーマにそった必要な語句表現は教室に掲示しておくとよいでしょう。しかし、外国語を使うことでほうびを与えるようなことは逆効果です。生徒の目標は外国語を使えるようになることですから、短期的な目標は決してよい結果をもたらしません。

4. ゆっくりと話し、はっきりと発音する

新しいことばや言語構造を使うときははっきりと提示してください。気をつけなくてはいけない点は、あまりにもおおげさにしすぎないことと、負担にならないようにすることです。

5. 適切なレベルのことばを使う

複雑な言語構造を使うのはやめましょう。生徒には少しチャレンジさせるレベルのことばを使うようにします。

6. 意味を明確にするために表情、しぐさ、絵などを使う

ふつうの外国語授業と違い、生徒には新出語を注意して聞くようにさせましょう。外国語で意味を推測し理解することが大切です。そうすることで、語の意味が外国語のまま記憶されます。

7. くり返しは必要です

くり返しは意味を理解する手助けとなり、安心感を与えます。くり返しにより外国語の理解が進み、学習が快適になると自分でことばを発するようになります。特に、低学年の学習者にはくり返しは大切です。

8. 意味ある活動をする

授業のことば、テーマ、内容は互いに関連し生徒の興味関心を引きつける必要があります。可能であれば、授業だけではなく、生徒の学習や生活、たとえば、ミュージック、スポーツ、学校行事、ファッションなどと関連すると効果的です。問題解決学習や協力することにより生徒は学習に興味を持ちます。また、生徒個人の興味関心や関連することなど、生徒自身に経験させたり考えさせたりすることにより、意味ある活動となります。

9. ことばのモデルを提示する

教室にCLILのことばを話す人を招き、さまざまなプロジェクトに参加してもらうことで、各分野の多様なことばを話す人に接することが大切です。たとえば、生徒が興味あることに関連する外国語を使う課題を出すとよいでしょう。

10. ことばを使う多彩な機会を作り出す

グループワークやペアワークなど生徒が積極的に活動できる機会を提供することが大切です。お互いがどのような知識や態度を持っていて、どのような学習をしているのかを知ることができ、生徒それぞれのニーズに応えることができます。生徒はことばを使いながら学びます。活動の中で協力し合うことにより、自分の考えや意見を他の生徒に提示することで自信が生まれるのです。

11. 特に大切なのはコミュニケーション

文法的に正しい表現にこだわるよりも、生徒はコミュニケーションすることが重要です。生徒が話すことにプラスとなるように、教師はモデルとなり、間違った表現を見直す機会を提示しましょう。生徒は、そのような教師の支援を得て、次第に自分あるいは生徒同士で修正するようになります。生徒はそのような環境の中で学習に責任を持って取り組みます。

12. 4技能すべてが使える機会を与える

4技能は互いに補強し合います。たとえば、「Globalization」について賛成反対の意見を書き、

ペアで話し合い、考えをまとめる。それを別のペアに提示し、また議論し、共通の考えを文でまとめるなどの活動は有効です。

13. 学校でCLILのことば（外国語）を使うシステムを作る

授業だけではなく、学校で使われることばとして外国語を使うことが大切です。学校行事や学校ニュースなどでCLILのことばを日本語と同様に使うようにします。国際交流行事などを通して、そのような環境を作ることがCLIL推進には重要になります。しかし、CLILをエリート教育のようにすることはマイナスです。CLILに対して批判的な態度が生徒の中にも生まれてしまいます。

14. 目標は高く、しかし現実的に

生徒がしていることを過小評価していけません。目標は高くして、現実的な成果を期待しましょう。その成果は達成可能で、適切である必要があります。もし生徒が障害にぶつかれば支援しましょう。努力は大切です。高い目標を持てば、学習にも集中するし、生活態度もよくなり、成果にもつながるのです。たとえば、実際に政治家などに手紙を出すなどが考えられます。そのためには適切な知識や方法をCLILのことばを通して学ぶのです。

15. 生徒の努力や成功を評価する方法を見つける

どの生徒もスポットライトがあたる瞬間が必要です。ただことばだけで、「Well done!」「Good job!」ばかり言わずに、できあがった成果は公開して多くの人に見てもらい、評価してもらえる機会を作りましょう。ほめることとアドバイスは別にしましょう。

科目を指導する教師がことばの面で支援する方法はたくさんあります。一つは、使える表現を事前に提供しておくことです。たとえば、歴史などでは、動詞の過去形の不規則変化表や使用頻度の高い表現の例や意味を提示しておきます。**生徒が自分でその表現に気づくときに、**その表現がいかに大切で便利かが分かり、生徒の記憶に残ります。一例として、「hand over（渡す、譲る）」という動詞表現の例文を示します。

She handed over power to her son.　彼女は息子に権限を委譲した。

After a 40-day siege they handed over the castle to the Goths.
　40日の包囲の後、彼らは城をゴート族に明け渡した。

He handed over the evidence to the police.　彼は証拠を警察に渡した。

あるいは、次のように、キーワードと関連の語句をマップで表します。

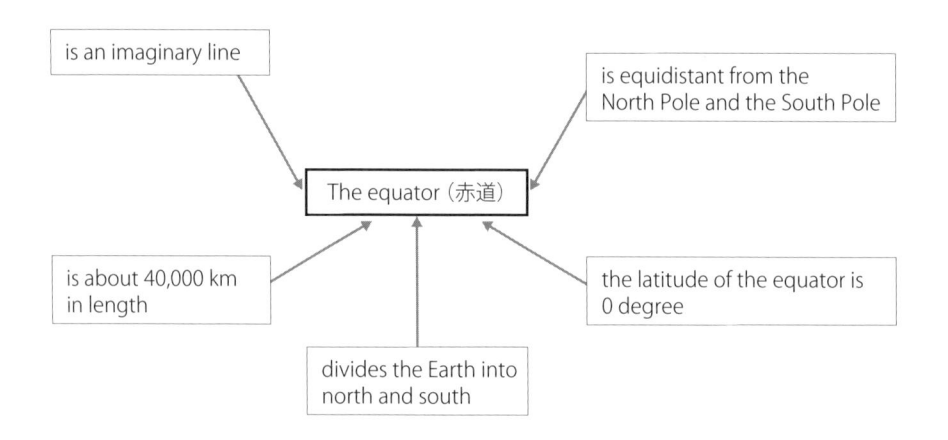

```
                    is equidistant from the
is an imaginary line    North Pole and the South Pole
        ↘           ↙
       The equator（赤道）
   ↗        ↑        ↖
is about 40,000 km        the latitude of the equator is
in length                 0 degree
            ↑
      divides the Earth into
      north and south
```

　活動で利用する語句をカテゴリーに分ける活動も理解を助けてくれます。たとえば、語句をバラバラに切り分けたカードをカテゴリーごとに仕分けするというタスクです。語句とその語句が持つ意味を理解する上でこの活動はとても役に立ちます。また、生徒に**図解事典の使い方を指導する**ことも、語彙をコンセプト、テーマ、対象などと関連させる意味で効果があります。語句の意味理解が図によって定着するからです。

5.3　外国語を学ぶクラスでの科目内容の支援

　CLILクラスでは、生徒の外国語の力はかなり早く高まることが多いのです。科目を教える教師は外国語を教えるパートナーでもあり、外国語学習の機会を生徒に与えているからです。その結果、CLILで学ぶ生徒は、そうではない生徒よりも早く外国語も理解しマスターしていく可能性が高いのです。その際、**ことばの指導は適切に行なわれる必要があり、より豊かにしていく必要があります。**

　科目とことばの両方の教師が週ごとの**外国語の目標を設定する**ことはよいことです。科目を教える教師は、目標設定にかかわりながら、外国語を教える教師に科目内容の指導目標達成への支援を望みますが、外国語の教師がカバーできるのはせいぜい1科目か2科目です。実践的に言えば、外国語の教師は外国語の教科書を参考書として考え、外国語を教える科目クラスの教材といっしょに使います。科目の教材は科目に限定されるというよりは、科目指導と共通に使

われる教材となっています。そのような教材は科目教師からだけではなく、外国語教師によっても提供されるので、**教材は、ときには、文型や文法などを強調するかたちで書き換えられる必要が出てきます。**

　たとえば、英語の「条件節」に焦点を当てたい場合、地球温暖化を扱う理科の授業で、「条件節」を使った表現を、次のように書き換えて英語の授業と関連するようにします。

What measures will the government need to take?　→
What measures *would* the government need to take *if temperatures were to continue to rise?*

　生物の授業で過食が話題になり、「if節」に焦点を当てられれば、食物の過剰消費の危険性について書くようになります。

If I were to drink excessive quantities of orange juice, it could contribute to obesity and tooth decay.

　同様に、「比較」が外国語学習の目標となっていれば、授業では図表を扱うようにします。

The troposphere is *the lowest layer of* the Earth's atmosphere.
Planes fly at a *lower elevation than* satellites.

　このように、外国語授業においては、科目内容と連携しながら、**それぞれの科目内容で使われることばの特徴をとらえて、**ことばの指導に注意しながら考えましょう。
　歴史や地理や公民などの授業で外国語と科目内容をうまく連携させて構成する授業方法があります。このような授業の場合、**科目を教える教師は、科目内容や学習スキルの成果にもとづく最終的な成果物を評価**します。評価基準は、情報源の最少利用、事実の正確さ、証拠の提示、見通しの提示、論理展開の構成、合意した構成などです。それに対して、**外国語を教える教師は、ことばの成果の達成度や学習した文法項目や言語的特徴の正確な使用で評価**します。

　「複文」や「従属接続詞（while, after, although, wherever etc.）」が外国語の学習目標であれば、理科の科目内容を教える教師が提示する短い説明のところで使われるようにします。たとえば、次のようにことばの構成を、接続詞を使って、複文構造にしていきます。

The planet Saturn may be seen by the naked eye. The rings of Saturn may not be seen by the naked eye. →　（複文構造）

　　The planet Saturn may be seen by the naked eye; *however, its* rings may not be seen by the naked eye. →

　　The planet Saturn may be seen by the naked eye; *however, one requires a telescope to see its rings.*

活動：「HIV の悪循環 (vicious circle)」

「悪循環」を導入するには次のようにします。黒板に円を描き、これがふつうの一日を表すと説明します。そこで、生徒にそれぞれどう思うかを質問します。それぞれの考えを聞き、黒板に書きます。次のようなことを生徒が言うかもしれません。

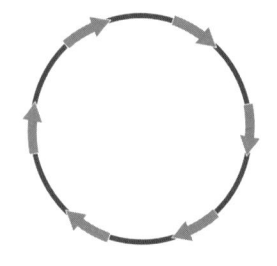

例）
It feels safe and secure.
It doesn't get you anywhere.
It feels like a rat in a cage.
It has no control.

It is boring.
It isn't exciting.
It feels pointless.

そこで、次のような悪循環を引き起こす身近な予期しない問題が起こったらどうするか質問します。

例）What would happen if your parents worked in a chocolate factory and brought home a big, free box of broken bits of chocolate every night?

このような質問によって出てくる考えが黒板に書き加えられて、悪循環のことが理解できるようになります。
次に、生徒に説明を加えながら、次のような語句を与えます。

　　not saying no　　**embarrassment**　　intoxication　　**infection**
　　fear　　lack of knowledge　　**illness**　　desire　　poverty
　　peer pressure　　**not using condoms**　　HIV　　wanting to be popular
　　STD (sexually transmitted disease)　　being cool

4人グループになり、上から4つの語句を選び、HIV感染について悪循環を説明する図を作るように生徒に指示します。それぞれのグループは4つの語句に関連して、対処方法 (coping strategies) と解決方法 (solutions) について考えます。

作成例）embarrassment, infection, illness, not using condomsを選択

Vicious circle of HIV or AIDS

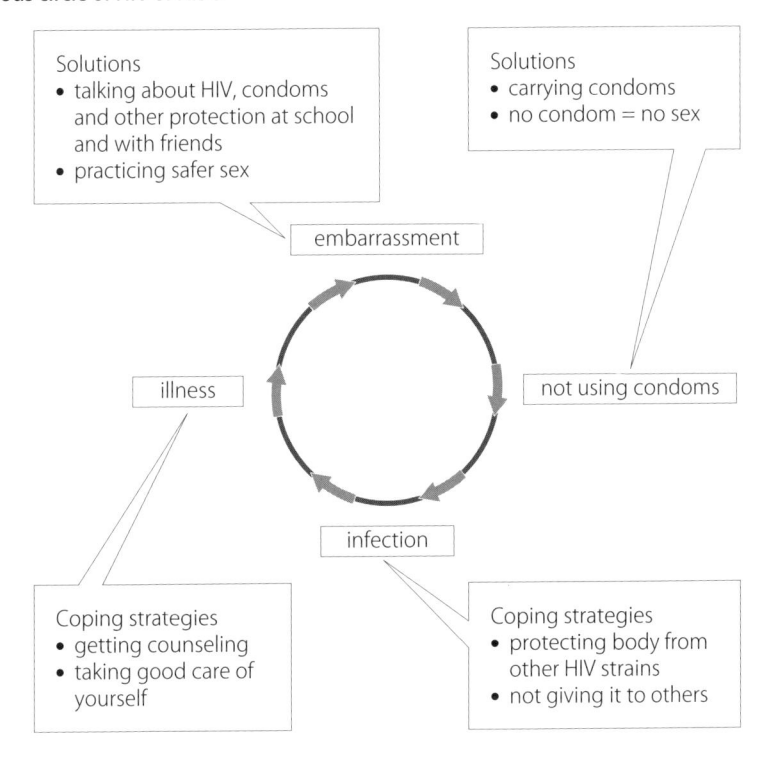

Solutions
- talking about HIV, condoms and other protection at school and with friends
- practicing safer sex

Solutions
- carrying condoms
- no condom = no sex

embarrassment

not using condoms

illness

infection

Coping strategies
- getting counseling
- taking good care of yourself

Coping strategies
- protecting body from other HIV strains
- not giving it to others

このような活動は、対処方法（coping strategies）と解決方法（solutions）の違いを議論するよい機会ともなります。生徒は自分たちの生活の悪循環を考えることもできます。その場合、tabacco, destructive relationships, shopping, lack of exerciseなどのキーワードが思考を刺激します。次のステップでは、プレゼンテーションの構成（イントロダクション、4つの要素のそれぞれの説明と対処方法と解決方法を含んだ部分、結論）を作成します。

　この活動は、ことばの教師の視点からは、ことばと文章構成の技能の育成にポイントがあり、理科の科目の教師の視点からは、物事を述べる正確さと批判的思考の深さを養うのにポイントがあります。

　ことばの教師は、授業で使える科目内容の教材を、インターネットを通じて比較的簡単に見つけることができるようになっています。著作権の問題も出てくる可能性がありますが、授業で教育的に利用する目的であれば現時点ではあまり問題はありません。たとえば、acid rainや

carbon footprintという語句をインターネットの検索エンジンで調べれば、さまざまな画像や動画にアクセスできます。ことばの教師は、このような**教材を提供する**のに重要な役割をするでしょう。それとともに、**ことばがどのように使われているのか**を学習者に知らせることも、ことばの教師の大切な仕事です。acid rainは「酸性雨」という訳語が定着していますが、carbon footprintには特定の訳語はまだ定着していません。「温室ガスの総量のこと」を指しますが、日本では「二酸化炭素排出量（CO_2 emissions）」とほぼ同じ意味で使われることがあります。最近の傾向として訳語がないという場合が多く、カタカナ語が使われるのです。

　ことばの教師のもう一つ重要な役割は、科目内容の教師とどのように連携をとり計画していくかを、**主体的にコーディネートする**ことです。その際に、さまざまなテーマに関係することばの問題にどう配慮するかがポイントです。

5.4　科目間のテーマや活動ですること

　学習はそれぞれの科目で別々に行なわれるのがふつうですので、教科科目間連携のテーマやプロジェクトはそれぞれの科目の橋渡しをします。また、学校では実社会で必要となる知識や技能を身につける助けをしていますが、実社会では子供に分かりやすく学ぶことが整理されているわけではありません。日常生活ではさまざまなことがいっしょに起こります。ある意味で、**CLILは実社会で起こるような場面を、学習することばを介して提供している**と考えてよいでしょう。

　学習者は、CLILを通じて、社会的、情緒的、認知的、個人的なやりとりを周囲の人と行ないます。このような活動が、学習を意味あるものにして、**単なる学校での学習から実際の社会での学習につながる**のです。

　小学校の英語のCLIL授業での活動には、次のようなテーマが考えられます。

　「私について (all about me)」「私の特別な日 (my day)」「学校 (school)」「私の家 (my family and home)」「季節 (seasons)」「友だち (friends)」「私の国 (my country)」「食べ物や飲み物 (food and drink)」「休日 (holidays)」「文化 (culture)」「**宝探し (treasure hunts)**」

　たとえば、「宝探し (treasure hunts)」を考えてみましょう。生徒が自分の国の宝物を考えるという設定です。社会（公民）の科目の観点からは、お金とか価値について学びます。また、それぞれの国が大切にしている宝という視点から祝日について学ぶことになるかもしれません。理科の観点からは、測定、地図の記号の意味、コンパスの使い方、地理の観点からは、島や半島、高度などの意味を学びます。地域の博物館にも行くかもしれません。数学の観点からは、尺度、

距離も学ぶでしょう。体育の観点からは、運動場などで場所を見つけるために地図やコンパスを使うなどの活動も可能です。歴史の観点からは、人がどのような物を宝にしてきたかを知ります。ことばや文学の観点からは、スティーブンソンの『宝島』などの引用に興味が引かれるかもしれません。このように、「宝探し（treasure hunts）」というテーマで**さまざまな学習が可能になる**のです。

宝探し（treasure hunts）

> **活動例**：歴史、公民、工芸の授業（Combined history, civics and art project）
> **目標とする学習成果**：道徳的権威（moral authority）についての4ページのレポートの作成とその説明ができるようになる
> （道徳的権威のある人はそのような力はあるが、それを命令する権利はない）

> **手順**：
> 1) 道徳的権威（moral authority）を持つと思う人を二人選びなさい。一人は個人的に知っている人、もう一人は歴史上の人。それぞれの人を3〜4文で説明しなさい。
>   e.g. My class teacher, Ms Yoshida, is very strict. She always speaks to us clearly, but she is very kind. She always sees us.
>   Mother Teresa loved poor people. She helped many sick people. She worked very hard to save people in India. Most people respected her.
> 2) その二人に対する質問を二つ考えて、答えを予測しなさい。2〜3文で書きなさい。
>   e.g. Which do you like better, peace or love? – I like love, because love is the most necessary thing for people. They can't live without love.
> 3) 実際に、知っている人にその二つの質問をして、書き留めてください。3文以内でまとめてください。自分が予想した答えと実際にその人が言った答えを較べてください。
> 4) したくないことをさせられたという状況を思い出して、なぜそうしたのか、次に同じようなことがあったら何か違う対応をするだろうか、など説明しなさい。
>   e.g. My teacher told me to study hard. She gave us lots of tests. I had to study hard. I did and got good marks. I hope I will study for myself next time.
> 5) レポートの表紙に二人のうちの一人の絵を描いてください。（どう描いて、道徳的権威をどう表しますか）

この活動例は、次の**CLIL指導法の大切な特徴**に則っています。

- 計画された学習成果が述べられている
- 科目が統合されている
- キーワードが「足場づくり(scaffolding)」としてはじめに説明されている
- 実際に人と話し、どのような影響を与えられたのかという興味と関連している
- 生徒自身の生活と体験に結びついている
- 比較、分析、評価、批判という思考を要求している
- 生徒同士の協同を促している

　次に中学校や高校のCLIL活動例を示しましょう。テーマは、経済や文化、環境問題と幅広くなります。それとともにことばもむずかしくなります。このことばと内容の関連をどうするかが指導のカギです。ここでは、「湿地(wetlands)」を話題として考えてみましょう。このような活動の評価は、外国語と科目の教師がそれぞれの観点から評価します。その評価の観点で活動の展開も変わってきますので、その点は注意しましょう。

活動例：「湿地(wetlands)」

外国語の授業で科目内容を扱う際にも、これまで説明した通り、**外国語教師と科目教師の連携**は欠かせません。多くの教師がかかわり、授業準備に時間をかけることができればそれに越したことはありませんが、実際そうはいかないのが現状です。しかし、外国語教師だけでCLILの授業をする場合も可能です。ICTやインターネットを活用することによってかなりのことが可能になっています。実際に教室に必要な知識を提供してくれる人がいないとしても、バーチャルに参加してもらうことにより可能になります。外国語の授業でも、内容を扱い、内容を利用して、意味のある活動をすることにより、外国語学習は促進されます。それがCLILなのです。

　前ページのWetlands International（http://www.wetlands.org/）のウェブサイトを見てください。このテーマで、さまざまな科目内容とかかわる学習が可能です。どのような科目内容とかかわるか例を以下に示しておきましょう。

- ビジネス（**Business**）　旅行、農業やバイオ、病気、事故、水はけ、コストなどの問題
- 理科（**Science and technology**）　生物や移動、水質、保護、人間による被害、観察、記録、分析などの問題
- 数学（**Maths**）　湿地の鳥の数の測定やグラフ、生物種類の分析、動向の分析と予測、地勢のモデル作り
- 歴史（**History**）　環境が悪化することにより消えた湿地などについて調査
- ことば（**Language**）　自然やバイオについての引用、自然と人間、詩などを読む
- 地理（**Geography**）　多様な湿地、湿地に暮らす人など
- ドラマ／ダンス（**Drama/dance**）　湿地をめぐるロールプレイ、湿地の鳥などの創作ダンス
- 教科科目間連携（**Cross-curricular project**）　湿地保存計画など
- 他（**Other connections**）　CLILのことばによる調査と母語による調査

　このような科目内容が、「湿地」というテーマを中心に学ばれます。CLILの場合は、この活動のすべてにCLILのことばがかかわります。

　このようなCLILプロジェクトは、職業高校などでも当然可能です。教科科目間連携のテーマは、工業、商業、情報、農業など多様です。たとえば、「顧客中心のサービス（client-centred service）」「起業（entrepreneurship）」「消費者意識（consumer awareness）」「メディアリテラシー（media literacy）」「持続的な発展（sustainable development）」「安全と安心（safety and security）」「マーケティング（marketing）」「バイオテクノロジー（biotechnology）」「ウェブデザイン（Web design）」などが考えられます。このような科目内容は、外国語（特に英語）と深く関係することが多くなります。

教科科目間連携のプロジェクトには「ICTと個人」などのテーマが考えられます。ICTは、仕事の多くの内容と場面にかかわります。たとえば、新しい技術が導入されると、各科目に関連して具体的な活動を想定して統合される必要があります。次の図は、その一例です。仕事に関連するさまざまな課題が各科目と関連します。また、メリットや解決すべき課題も示してあります。

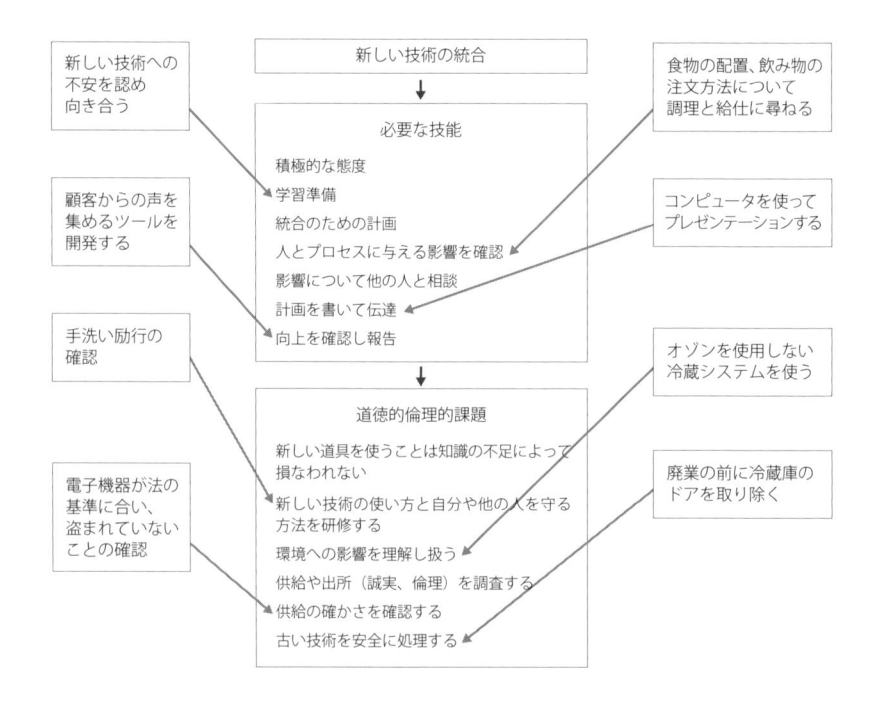

```
┌─────────────┐                ┌─────────────────────┐                ┌─────────────┐
│新しい技術への │         ┌─→│   新しい技術の統合   │←─┐             │食物の配置、飲み物の│
│不安を認め   │────→│     └─────────┬───────────┘   │             │注文方法について  │
│向き合う     │                           ↓                  │             │調理と給仕に尋ねる│
└─────────────┘                ┌─────────────────────┐      │             └─────────────┘
                                 │      必要な技能      │      │
┌─────────────┐                │  積極的な態度        │      │             ┌─────────────┐
│顧客からの声を│                │  学習準備            │──┼──────→│コンピュータを使って│
│集めるツールを│────→│  統合のための計画    │      │             │プレゼンテーションする│
│開発する     │                │  人とプロセスに与える影響を確認│      │             └─────────────┘
└─────────────┘                │  影響について他の人と相談      │
                                 │  計画を書いて伝達    │
┌─────────────┐                │  向上を確認し報告    │
│手洗い励行の │────→└─────────┬───────────┘                ┌─────────────┐
│確認         │                           ↓                                │オゾンを使用しない│
└─────────────┘                ┌─────────────────────┐─────→│冷蔵システムを使う│
                                 │    道徳的倫理的課題  │                   └─────────────┘
┌─────────────┐                │  新しい道具を使うことは知識の不足によって│
│電子機器が法の│                │  損なわれない        │                   ┌─────────────┐
│基準に合い、 │────→│  新しい技術の使い方と自分や他の人を守る│─→│廃業の前に冷蔵庫の│
│盗まれていない│                │  方法を研修する      │                   │ドアを取り除く   │
│ことの確認   │                │  環境への影響を理解し扱う│                └─────────────┘
└─────────────┘                │  供給や出所（誠実、倫理）を調査する│
                                 │  供給の確かさを確認する│
                                 │  古い技術を安全に処理する│
                                 └─────────────────────┘
```

　教科科目間連携の授業のメリットと課題をまとめると次のようになります。

予想されるメリット	課　題
● 学習を学校外とつなげる ● 科目間の橋渡しをする ● 情報を総合する ● 統合した見方ができるようになる ● 科目間でそれぞれの知識と技能を扱える ● 個人とし活動し協力する ● 構造的にやりとりをする ● より良い成果を導く ● グループ間で健全な競争ができる ● 他者を尊重する ● 活発に学び教えあう ● 異なる学習スタイルに慣れる ● 異なる能力に慣れる ● 学習成果や価値に統一した同意を得る	● 準備に時間がかかる ● ことば、科目内容、学習成果の調整がむずかしい ● プロジェクトの方向性で争いがある ● 驚くような行動がある ● 練習段階で投資が必要になる ● 難度のレベル設定がむずかしい ● 生徒の協力がむずかしいことがある ● 授業とみなさないことがある ● 評価に納得しない ● 生徒はつきあいで活動する

5.5　学習をふりかえる

　学習をふりかえることは認知の発達に役立ちます。私たちが学習全般について指導されたように意思決定できるのは、知っていることを判断したり、到達度や目標を設定したり、進度を評価されたり、どのように学習しているかを教えてもらったりするからです。

　評価をする5つの主な理由は、

- 授業を改善するために生徒の知識を判断する
- 科目、ことば、学習スキルの進度を知るために生徒の到達レベルを決める
- 生徒の興味関心、態度、学習スタイルを理解する
- 生徒に自分の学習に対する責任を負わせる
- 学習を進めるために必要な情報を与える

　評価は、教師や生徒に根拠を与え、現実を理解するためだけではありません。さらに**次のステップへ進む踏み台**です。評価はそれだけで独立しているわけではなく、授業の積み重ねで行なわれます。教師は、授業中であれば生徒が教材や指導を理解しているか、計画した科目内容やことばの学習成果が現実に直結していれば、生徒がそのことばを使っているかどうか、学習

がうまく進むために障害となるものがあるかどうかなどを、たえずチェックします。授業が進んでいく過程でも、**生徒が自己評価**するようにします。

　授業活動を計画することは**評価を計画すること**と同じです。CLIL教師は、授業をしながら、科目内容、ことば、学習スキルと関連した成果を満たす進度を、直感的に評価していますが、さらに**発展的な計画も考える**必要があります。学習成果が達成されると、その達成がどのように測定するかを決めることが重要になります。また、評価に学習者もかかわれれば学習がさらに進みます。各授業のはじめには学習がどの程度達成されているのかを確認し、授業の終わりにもどの程度向上したかを分析する時間も必要です。

■ CLILの評価の特徴
- 科目内容とことばの目標の達成
- 学習スキルの目標の達成
- さまざまな目的(学習、社会、ビジネスなど)のためのことばの使用
- CLILのことばを話す人や実際の教材を使って活動する能力
- ことばと科目内容を試す安心感
- 継続的な学習の進度(頭打ちにならないこと)

■ CLILの補足的な評価
- 努力、かかわりのレベル、好みの学習スタイル、毎日の活動、4技能、毎日のコミュニケーション、プレゼンテーション、プロジェクト、準備した/しない課題、グループ活動、社会的/情緒的な発達、協力と自信のバランスなど

■ CLILの評価の場面
- プログラムの開始
- 授業中の観察を通して
- 授業中や授業後(生徒とともに)
- ユニットの終了時
- 通知表などで定期的に
- 学習が遅れがちなとき

■ CLILの評価の観点

- カリキュラムの成果に基づいて
- 生徒と確認した基準に基づいて議論しながら
- 生徒一人ひとりの事例を集めて
- 生徒の作成したポートフォリオを通して
- 生徒の活動ファイルを参照して
- 評価表やチェックリスト（参加表）を使って
- 生徒同士の学び合いなど通じて
- 生徒の自己評価を参照して
- 特定の課題についての生徒と教師の話し合いを通じて

5.6　ポートフォリオ評価

　上記のCLILの評価の観点の中でも、効果的な評価方法として注目されるポートフォリオ評価を紹介しましょう。ポートフォリオの元々の意味は「持ち運びができる書類入れ」です。子供は、ポートフォリオは何か、何が入っていて、何に使われるのかなどと具体的に考えるでしょう。成熟した学習者は、ポートフォリオについて何が分かっているか、ポートフォリオを利用することについてどう考えるかを共有するでしょう。

　俳優、芸術家、デザイナー、建築家などのプロフェッショナルだけではなく、多くの人がポートフォリオを使っています。教育の場では、就職の際、大学などでの活動を示す際などに使われるようになっています。実際にポートフォリオがどう使われているかを知ることも学習者にとっては必要です。実際にポートフォリオを使っている人に教室来てもらい話してもらうことも有効です。

ポートフォリオ評価
ポートフォリオとは？ ・ ポートフォリオは生徒の最も大切な学習の表明のこと ・ ある期間に集められた生徒の知識、スキル、学習成果の達成過程で示された向上の証拠 ・ 学習のツール

→次ページへつづく

生徒の活動の選択基準	生徒支援	考察
・ 学習成果に関連 ・ 成果と向上 ・ 定期的に収集される生徒の最も価値ある向上、努力、成果を表す活動	・ 学習と批判的思考スキルの育成 ・ 知識、態度、学習スキルをチェックする能力の育成 ・ 自立した学習者 ・ 生徒同士、教師、保護者との協力関係 ・ 全体的、教科間、継続的なプロセスとして学習を見ながら生徒同士、教師、保護者とともに活動 ・ 有効なフィードバックと積極的な強化 ・ 個人の成長/向上 ・ 現実的な目標 ・ 発表や会話の自信	・ 生徒と教師の話し合い ・ 保護者と教師の話し合い ・ 試験の準備 ・ 通知表 ・ 生徒が他と活動を共有 ・ プロジェクト終了

1. CLILとの関連

CLILの評価は、**1) 科目内容の理解と応用、2) ことばと学習スキルの向上、3) 学習成果を達成するための計画とストラテジー、**の3つのアプローチから構成されます。

ポートフォリオ評価は、CLIL指導法のコアとなっている特徴を利用するのに有効なツールです。また、ポートフォリオ学習は、異なる学習スタイルやストラテジーに配慮しながら、学習を考えるのによい方法です。それは学習のプロセスや学習成果をふりかえって考えることによって、学習はだれのためにするのかを学習者に考えさせるきっかけを作るのに役立ちます。さらに、学習者がもう一歩前に進み、**現実的な個人の目標を設定する場**を与えてくれるのです。

2. 統合（総合）

小学校では、児童生徒が全科目を統合するポートフォリオを持つのが理想です。中学校でも、理想的には、いくつかの科目を統合するポートフォリオを持っているのがよいと考えられます。職業高校の生徒や大学生には、就職先の要望に応えて、特定の内容（デザインとか金型など）に特化したポートフォリオが有効でしょう。極端なことを言えば、一つのポートフォリオを持つことで、生徒自身がさまざまな科目で発展させてきた知識や技能をまとめて整理するのに便利なのです。

ことばの学習に焦点を当てたポートフォリオ、**ELP (European Language Portfolio)**（ヨーロ

ッパ言語ポートフォリオ)は、ヨーロッパ評議会(Council of Europe)によって開発され、利用の促進が図られています。ELPは、生徒が学習する言語のすべての発達に生徒と教師が焦点を当てるのに役立つツールとなっています。ELPは、**言語パスポート(language passport)、言語履歴(language biography)、記録(dossier)**という3つのポートフォリオから成っています。ヨーロッパの各国では、その利用が盛んになりつつありますが、現段階ではまだ発展途上にあります。多言語社会のヨーロッパでは理念的にも政策的にも重要になりつつあります。しかし、日本では、このようなポートフォリオ学習が注目されつつありますが、利用に関しては模索中というところでしょう。ことばの学習においては、ヨーロッパと日本ではまったく異なりますので、ELPがそのまま有効とはなりえません。今後のその利用促進が図られていくことを期待したいところです。基本的なコンセプトを以下に説明しましょう。

3. ポートフォリオの内容（省察）

ポートフォリオは、基本的に次の内容から構成されます。

- 生徒のさまざまな作品(絵、プロジェクト、エッセイ、作文、レポートなど)
- 作品のコピー
- すべての作品の内ベストなあるいは好きな作品
- 電子ファイル
- DVD
- CD
- 保護者や教師からのコメント
- 今後の計画
- その他

4. ポートフォリオの構成

ポートフォリオの構成では、基本的にすべてに**日付をつけておくこと**が大切です。学習者自身が向上していることをよく理解できるからです。ポートフォリオは何も紙ベースだけではありません。コンピュータやウェブなど電子ファイルなどでも保存されます。しかも、生徒のメディアリテラシー能力の向上にも役立ちます。それだけではなく、ブログ、携帯メール、Moodle、Twitter、Facebookなど、多様なメディアを使うことも可能です。多様なメディアを使うことにより、生徒のICTスキルも当然育ちます。それとともに、どのようなものを紙や実物として保存するかが分かるようになります。また、文字や図表だけではなく、ポートフォリ

オには音声や映像の利用も当然あります。

ポートフォリオの代表的な構成は次のようになります。

- 生徒の活動のまとめ（学期の終わりなどに、生徒が自分の達成をまとめている）
- 目次
- 成果物と計画
- 作品の重要なもの
- 今年の作品のベスト（タイトル、ふりかえり、インタビュー、CD、DVD、保護者の感想、他の生徒の感想、学期終わりのふりかえり、計画など）

実現に向けて：教師がすること		
目標設定：ポートフォリオ評価で焦点をしぼって目的を定める		
準 備	生徒に教えること	実施を支援すること
・他の教師と協力 ・ゲストを招く ・生徒の自己評価基準 ・目次の決定 ・何を収めるか決定 ・到達度評価表 ・保護者と生徒同士のふりかえりシート	・ポートフォリオとは？ ・関連ですることは？ ・評価 ・評価基準 ・目標設定 ・ポートフォリオの構成 ・生徒と保護者の会 ・学習スキル ・知識と技能の評価基準 ・ことばの評価の基準	・生徒に自分のポートフォリオを説明してもらう ・定期的に点検し支援する

5. ポートフォリオと授業運営

ポートフォリオを利用した授業運営では次のような課題があります。

生徒や保護者とCLIL指導について話し合う時間が十分に取れない

ポートフォリオ評価について「どうして、なぜ」という情報の共有が必要です。CLIL指導法のメリットをよく理解する必要があり、授業にかかわる人たちそれぞれの役割や責任を理解する必要がありますが、その時間を作るのが実は最もたいへんです。低学年の場合、ポートフォリオ評価には保護者の協力が大切です。

すべてのポートフォリオ評価を最大限に適用する
　CLIL授業にかかわる人が、CLIL指導にポートフォリオを適用するには時間がかかります。十分な準備をすることはむずかしいのですが、大切なことはスタートすることです。
ポートフォリオ評価を過剰評価しない
　ポートフォリオ評価にすぐに多くのことを期待すべきではありません。また、過大に評価することも危険です。あくまでも評価の一部です。
ポートフォリオ評価は生徒の最終評価の20%以上にはしない
　評価は、さまざまな観点から行なわれるべきです。評価においてポートフォリオの占める割合は、最大でも約2割程度の利用を考えておくほうがよいでしょう。

6. 簡便なふりかえり

　生徒にとって自分の学習活動をどうふりかえるかはむずかしいことです。教師からのガイドが必要になります。**生徒の学習活動のふりかえりの支援**では、主に次の点に留意しておきましょう。

- 作品についての考えや感想
- 学習者としての生徒
- 学習成果の達成
- 今後の学習計画

　たとえば、小学校2年生の活動では、生徒は、次ページの表現リストを参考に、毎月4文、学年の終わり頃には6〜9文、きちんと言えるようにすると、生徒が学校活動を通じて習熟するにつれて、使える表現がさらに増えていきます。

7. ポートフォリオに使われる外国語（英語）の考えや感想例

　生徒が**自分の考えをCLILのことばで書くことは有意義**です。しかし、一人で書くことはむずかしいので、どの段階でもサポートが必要です。自分の考えを書くこともCLILの活動の一環ですから、ポートフォリオに自分の学習履歴を記録することを一つの活動と考えて、ことばと思考の両面から指導します。そのためには、見本を示すことが当然有効です。
　ここでは英語で見本を示しておきましょう。生徒の英語力のレベルに合わせて表現はさまざまですが、他の外国語で表現する際の参考にもなるでしょう。ポートフォリオに英語で書く際の役立つ表現をいくつか載せておきます。

学習に関する考えや感想を述べる表現

● この作品（学習成果）の一番は、〜	The best part of this work is …
● 次は、〜を伸ばしたい	Next time, I want to improve …
● 一番〜するのが楽しかった	I most enjoyed …
● 〜について困った/悩んだ	I was worried about …
● 〜ということを分かってほしい	I want you to know that …
● これは、〜なので一番の作品（学習成果）です	This is my best piece of work because …
● 〜するのを忘れなかったらなあ	I wish I had remembered to …
● この作品（学習成果）を見る人に〜を知っておいてほしい	I want people who look at this work to know …
● この作品（学習成果）を仕上げたとき、〜と思った	When I finished this piece of work, I felt …
● この作品（学習成果）の最も大変だったことは、〜だ	The hardest part of this piece of work was …

授業に関連して述べる表現

● 〜がうまくできるようになってきた	I am getting better at …
● この作品（学習成果）を仕上げたとき、私は〜学んだ	When I did this work, I learned …
● 〜で手伝いたい	I would like to help with …
● 〜が分からない	I don't understand …
● 〜で困っている	I am having problems with …
● 〜なのでうまくできたと思う	I think I did a good job because …
● またこの作品（学習成果）にかかわることがあれば、〜を変えるだろう	If I could do this piece of work again, I would change …
● 〜での強みは〜だ	My strength in … is …
● 〜で私のすることは、〜なので変わってきている	My work in … is changing because …

学習の計画について述べる表現

● ～を伸ばしたい	I want to improve …
● 今度は、書き始める前に～するだろう	Next time, before I start writing I will …
● 私が～するのは重要だ	It is important for me to …
● ～するの忘れてはいけない	I must remember to …
● ～の練習がしたい	I want to practice …
● 今度は、～を勉強したい	Next, I want to learn …
● ～を使う必要がある	I need to use …
● ～について考えます	I'm going to think about …
● 数学や理科では、～するのが必要だ	In math, science (etc.), I need to …
● 友達が～を手伝ってくれる	My friends can help me to …

学習目標の達成について述べる表現

- 私のことば（科目）の学習目標は～だ　　My language (subject) goals were …
- ～なので（十分、おおむね、ある程度）達成した
  I achieved my goals (fully, in large part, to some extent) because …
- ～なので、～はまったく達成しなかった目標だ
  … is a goal that I did not completely achieve because …
- 次の評価基準に注意を払う必要がある
  I need to pay more attention to the following evaluation criteria: …
- 私のふりかえりは（おおいに―まったく～ない）目標／学習成果に関連している
  My reflections are tied to my goals/learning outcomes (to a great extent ― not at all)
- 私のポートフォリオは（おおいに―まったく～ない）よくできていて、よく分かる
  My portfolio is well organized and easy to follow (to a great extent ― not at all)

　このような表現は一例にしか過ぎません。それぞれの学習者の考えは多様ですので、教師としては、**生徒が述べたい表現をその場でサポートすることはとても大切**です。その場合は、正確さにそれほどこだわる必要はなく、伝えたい意味に焦点を当てましょう。

8. 学年末のポートフォリオ評価の基準

　1年間の授業の学習成果として、ポートフォリオをどのように評価したらよいのでしょうか。数値化することはむずかしいことですが、基準は必要です。**ポートフォリオ評価の基準の観点**

は次のように整理できるでしょう。

- 完成度、正確さ、仕上がり度、構成度
- 授業成果の達成の表現
- ふりかえりと授業成果の関連
- 知識、技能、態度をふりかえりに含める
- 思考の質（メタ認知の意識、発信的な心的習慣、批判的思考）
- ふりかえりの質の向上の表明
- 生徒主体の集会でのプレゼンテーションの完成度と明瞭さ
- 計画の実現度

上記の観点をもとにスケールで次に示す自己評価グリッドを活用するとよいでしょう。

ポートフォリオ評価グリッド例

```
Portfolio assessment grid（ポートフォリオ評価グリッド）

Date（日付）                          Name（名前）
Organization（構成）                  0 ------ 2 ------ 4 ------ 6 ------ 8 ------ 10
Quality of thought（考えの質）        0 ------ 2 ------ 4 ------ 6 ------ 8 ------ 10
Realistic plans（実現に向けての計画） 0 ------ 2 ------ 4 ------ 6 ------ 8 ------ 10
Language（ことば）                    0 ------ 2 ------ 4 ------ 6 ------ 8 ------ 10
General appearance（概要）            0 ------ 2 ------ 4 ------ 6 ------ 8 ------ 10

Teacher's, parent's, and student's comments（教師、保護者、生徒の感想）
```

　次のグリッドは、CLILのコースが修了した段階を想定したポートフォリオ評価のグリッドの例です。生徒にも分かりやすく、また、生徒の学習成果を関係者が見ても分かるように、4段階にレベル設定し、関連した内容を熟練度により記述で表しています。評価の観点は、生徒が作成したポートフォリオに関して、全般、構成、見栄え、ことばの使用、科目内容関連、学習の向上の分析、という項目で評価しています。

ポートフォリオ評価グリッド例

基準	1 初級	2 中級	3 上級	4 特上級
全般	学習に対して熱心さが感じられない。不十分な準備。構成が弱い。間違いが多い。	改善が必要。まだ内容やことばが乏しいが、改善の余地がある。学習には熱心さがある。	能力があるが、改善の期待がある。ほぼすべて理解できている。	賞賛に値する活動。質も高く、正確。よく構成されていて、視覚的にもよく、よく考えられている。
構成	内容の目次がない。ページ番号がないなど、構成が不明確。	目次が内容を正確には表していない。よく構成されている所とそうではない所のバランスが悪い。	読み手を意識した構成をよく理解している。全般に質は高いが、多少の欠点が見られる。	使い手を意識した題材：目次、ページ、図、チャート、表など、バランス、分かりやすさ、など。
見栄え	表紙や見出しがきちんと表されていない。雑だ。	表紙や見出しは表されているが、努力や考えがあまりない。図と内容の関連がはっきりしない。整然とせず、レイアウトが過剰。	比較的きちんとしているが、改善が必要。表紙や見出しは論理的に構成されている。図と内容が明確。文字の使用がやや一貫性に欠ける。	多様な図の使用（図、絵、色、文字などコンピュータなどを使いよく表されている）。読み手に合わせたレイアウト。創作性に富んでいる。
ことばの使用	相当数のスペリングミス、単調でくり返しの多い語彙、不完全な文、句読法の誤りなど、ことばの理解が困難。構成もバラバラで、学習が反映されていない。	文のつながりが悪く、語彙が単調でくり返しが多く、考えをまとめる意図があるが、やや不明確で、質にむらがある。句読法やスペリングミスがあり、学んだ内容に限定されている。	ことばの使用が適切（公的表現、年代、くり返し、単調さなど）で、質が適切。ことば使いの論理展開がよい。学習したことが明確に反映されている。	ことばの使用が適切で、意味が明確だ。語彙が正確で多様で、論理的（パラグラフ間のつながり）に構成され、間違いが少なく、問題がない。学習したことが明確に反映されている。
科目内容関連	選ばれた題材の学習成果との関連が不足している。向上、将来などとの関連もない。	成果と学習がほとんど関連しない。	作品が学習成果とほぼ関連し、将来のニーズを満たし、学習の向上を表している。	作品が学習成果と密接に関連して、将来のニーズを反映し、学習の向上を表している。

→次ページへつづく

学習の向上の分析	学習スキルの向上がない。他の人のことばを分析することなくただ引用している。活動が学習にどのように関連しているか説明がない。	学習を深めるための努力がほとんどない。個性の伸長や学習ニーズの理解がほとんどない。目標や計画が現実と関連しない。系統的ではない。	個性の伸長をよく理解している。活動のニーズが分かる。目標や計画は示されているが、より実践的で系統的である必要がある。	学習の具体的な成果がある。活動や意見を系統的に取り入れている。ふりかえりは、学習習慣、学習スタイル、ニーズの深い理解にかかわる。論理的な結論、高い目標、実現性のある計画である。

9. 生徒同士と教師のチームワーク

　CLIL指導では、科目内容とことばの効果的な指導と**生徒同士のチームワーク**は両方とも欠かせません。このチームワークがよければ、当然、CLILの効果が発揮されるでしょう。授業だけではなく、その他の学習などとの関連もうまくゆき、学習が発展的になります。それは生徒だけではなく教師にも言えることです。

　教師が協力する理由は二つあります。

1) 心地よく、教師の専門性を高めるチーム作りや専門的な学習コミュニティーを形成するのに役立つ。
2) 効果的な協力は、生徒の目標達成に役立つ。

　CLILは、ふつうの学習形態と異なり、生徒にも教師にもチャレンジとなります。そのために協力はとても大切です。CLILを実施する際には、**週1回のミーティング**は短時間でもできるようにすることが重要です。そのミーティングで留意することを挙げておきましょう。

- **共通理解**(establishing commonality)　すべての教師は生徒の学習に異なる貢献をする
- **達成感**(recognizing achievement)　達成したことを喜ぶ時間を取る
- **学習スキルの成果に関する合意**(agreeing on learning skills outcomes)　一つの学習スキルが学校全体の目標となる
- **問題**(problems)　問題は必ずある。協力して解決する
- **ことばの成果に関する合意**(agreeing on language outcomes)　文法、語彙、表現など、共通理解を持つ

- **教科間プロジェクト**(creating cross-curricular projects) 教科間の連携を図る
- **授業観察**(sharing self-selected video clips of classroom) 授業のビデオを互いに見て改善する
- **教材作成と情報取得**(make and take) 教材研究をする。専門家から情報を得て教材を作る
- **落ちこぼれ生徒の相談**(discussing at-risk pupils) 必要な方策を考える
- **技術を共有**(sharing techniques) 定期的にミーティングを開き指導方法を共有する
- **プロジェクト選択**(marking one project by several teachers) 基準を決めて、生徒が熱心に取り組むようにする
- **指導の確認**(revisiting standards, previous agreements or indicators of good teaching) 良い指導の基準、合意、指針に戻る
- **組織化されたミーティング**(centrally organized district meetings) ミーティングはだれかが中心となって組織化する
- **グループでの達成と連絡方法の決定**(summarizing group achievements and deciding how to inform management) グループでの成果をまとめ、運営をどう伝えるかを決める

以上のような観点で、ミーティングを定期的に行ない、**情報や考えを共有すること**が大切です。このようなミーティングのテーマに加えて、下記のような同僚との協同や研修がCLILを成功に導きます。

- 観察(observation)
- 学校間交流(school exchange)
- ティームティーチング(team teaching)
- 成功体験の共有(success stories)
- 学校内での教材の共有(posting new or adapted materials on the school intranet)
- アイディアバンクの設立(creating an idea bank)
- チャットルームの利用(chat rooms)
- スカイプの利用(skype-ing)
- 目標グループと共同(working with target groups)
- 査察の予行(roleplaying an inspection)

第6章　CLILが開く生徒の学習

　この章では、学習者一人ひとりの意欲を高める工夫と、学習者の学習の伸びや達成への可能性を探っていきます。CLILは、学習スタイルや学習ストラテジーなどを考慮して、学習者の認知面に焦点を当てて、具体的な指導を展開することにより、学習者の学習計画をサポートします。学習者が**「コンフォート・ゾーン（心地よい場）(comfort zone)」**を目指して、学んだことを足場にしてそれぞれの知識をしっかりさせながら、知識をまとめるという学習過程を経ることが、CLILの一つの特徴です。CLIL学習を通して、学習者が、創造力と批判的思考を養うことができるように、さまざまな考えを出し合って、互いに意見を交換し、話し合うことによって、成長すれば、CLIL教師にとってはこれほどうれしいことはありません。

　コンフォート・ゾーンとは、自分が心地よいと感じる空間、あるいは、自分が自信を感じる状態のことです。不安、困惑、自信の欠落など、学習についての戸惑いを感じるときは、学習成果が思うように出ません。コンフォート・ゾーンでは、自信がつき、さらに学ぼうという意欲も高くなっているため、学習に対する前向きな姿勢をとることができます。さらに、困難を克服することでたくましくなり、次へのステップを踏む力が強化され、学習ストラテジーも身についてきます。CLILプログラムでは、**コンフォート・ゾーンに注目し、学習者自身が、学習目標を設定する力、目標を実現させるための学習ルートを見出せるように学習者を支援する**ことをつねに意識しています。

6.1　足場づくり (scaffolding)

　1章でも説明したとおり、CLILのアプローチは**「足場づくり (scaffolding)」**ということに特徴があります。「足場づくり」とはどのようなプロセスなのかここで詳しく考えておきましょう。一言で言えば、生徒の学習を段階的に支援するプロセスです。たとえば、幼少時代を思い出してください。自転車に乗れるようになるためにどのようなプロセスを踏みましたか。親が子供に自転車の乗り方を教えるとき、まず、自転車を見せて、乗り方を示して、簡単に自転車はどんなものかを教えるでしょう。次に、三輪車でその楽しみを経験させるでしょう。三輪車に乗る楽しみをおぼえたら、今度は補助輪のついている自転車に乗せるでしょう。それから補助輪をはずし、後ろにいて手で自転車を支えて、子供が自分で乗れるように練習し、そのうち手を

離します。ついには、子供が自分一人で自転車に乗れるようになるのです。このように、**学習者の自律性を尊重し段階的に支援するプロセスを「足場づくり」**と本書では呼んでいます。

ことばの学習において大切なことは、学習者が**一歩一歩段階的に進むこと**です。CLILでは、この段階を踏みながら、科目内容の理解と併せて、生徒に自信を持たせ、学習の達成を支援し、成功を経験させることにより、学習者の自律学習をさらに高めていきます。CLIL教師には、「足場づくり」というプロセスの中で試行錯誤しながら、生徒の学習をサポートすることが求められています。「足場づくり」ということは、いつもサポートし続けるという意味ではありません。必要に応じて足場を取り除くことも大切です。**必要に応じた適切な「足場づくり」ということ**が、CLILに求められる指導の重要なポイントです。

それでは、具体的にCLIL指導で「足場づくり」のためのストラテジーを例示しましょう。

- 答えが正しくても正しくなくても、どのような発言でも建設的にコメントをする
- 重要なポイントは、生徒が分かることばで説明する
- ブレイン・ストーミングをしながら、生徒の理解のレベルを確認する
- 必要なときに、適切に、すぐに、ことばを添える
- 重要な用語を使うときは、同じような意味のことばを使わず、その用語を使う
- むずかしい語句には、同意語や定義などをオリジナルのテクストに（　）で入れるようにする
- 配布するハンドアウトの余白にノート（注など）をつける
- 文は短くする
- 情報を小分けする
- 図、表などを使い、分かりやすくする
- 生徒に一度に与える課題数を少なめにする
- 学習に対する障害を精査する
- 文章の重要な部分を強調する
- 生徒が用語の意味を自分のことばや表現で表すことができるようにする
- どのように数学の問題を解いたのかを生徒に説明してもらう
- 絵や実物などを利用する
- 生徒がパラグラフに見出しをつけてテクストをまとめる
- 生徒が新聞の見出しのように文章をまとめる
- 生徒がオリジナルの文章を40〜60%にまとめる
- ヒントを与え、さらに生徒に質問する
- 生徒に作文の課題を出し、構成などを考えて書くための表現を与える

CLIL指導における「足場づくり」という場面では、このようなストラテジーを使って、段階的な学習のプロセスを、生徒に分かりやすく伝え、支援することが大切です。

6.2　学んだことをステップとして

　科目内容を学ぶ際も、外国語を学ぶ際も、これから学ぶ新しいことと以前に学んだことを関連づけることはとても大切です。CLILでは、この科目内容とことばが密接につながることがポイントです。この二つの要素が離れて学習者に提示されてはあまり効果的とは言えません。**ことばと内容の修得は同時なのです**。新しく学ぶことばは、どの程度理解ができているかが分かり、その理解を達成するための新しい知識が分かったときに、身につくのです。

　新しい学習事項を既習事項へと結びつける最も効果的でよく知られている方法のひとつに、**ブレインストーミング**があります。CLILではよく活用する活動です。CLILで行なうブレインストーミングについて簡単に説明しましょう。文字通り「頭の中を嵐が吹き荒れる」ということで、「いろいろな考えを出すことにより、頭の中を整理して問題を解決するプロセス」ということです。このブレインストーミングを授業で利用する基本的な方法は、さまざまな情報を黒板やハンドアウトを利用し、全員がそれを見ながら、少しずつまとめていく方法です。まずは、あるテーマにそって、思いつくことを、ことばにして提示することが大切です。一種の連想ゲームです。ブレインストーミングにはいくつか効果的な方法がありますので、ここでそれを確認しておきましょう。

　まずは、**ブレインストーミングのルールを話し合うこと**が大切です。この場合は、日本語で話し合ってかまいませんが、CLILのことばを使って行なうことも可能ならばチャレンジしてみましょう。むずかしいかもしれませんが、教師が話し合いのたたき台となるCLILの表現を生徒に提示するにはよい機会です。英語の場合には、だれかがアイディアを出したときに、「It's interesting.」「Do you have any idea?」「How about you?」「Good!」「Any other idea?」「Go ahead!」「Come on!」などとやりとりの仕方を次第に理解していくでしょう。ここで大切な点は、**「日本語禁止！」はやめること**です。

　効果的なブレインストーミングをするためには、発言しやすい雰囲気を作り出すことが大切です。そのためにはお互いにルールを理解しておく必要があります。**発言しやすいルール**は次のとおりです。

- どんな考えにもことばで批判しない
- どんな考えにもしぐさや表情で批判しない
- お世辞を言わない
- ジェスチャーは自然に
- すべてのことばを記録する
- 一風変わった考えは歓迎する
- すでに出ている考えに便乗するのも受け入れる
- 量は質より大切

　このようなルールを互いに確認してから、出された考えを次に示すように図を使って整理すると効果的にブレインストーミングができます。

1. ウェブ（web）図

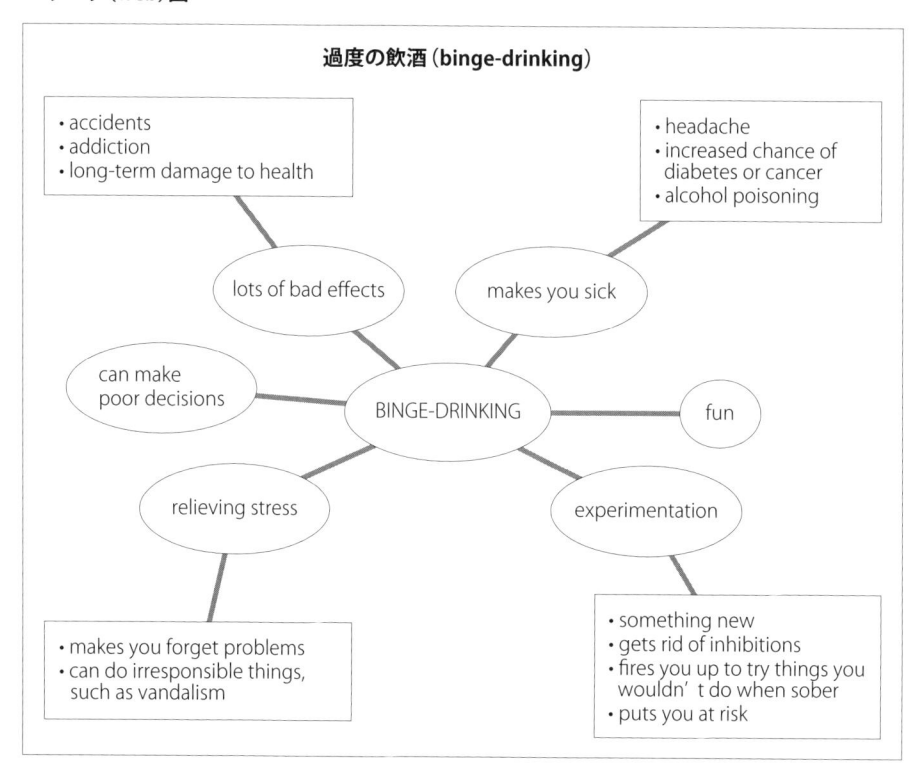

過度の飲酒（binge-drinking）

- accidents
- addiction
- long-term damage to health

↳ lots of bad effects

- headache
- increased chance of diabetes or cancer
- alcohol poisoning

↳ makes you sick

- can make poor decisions

BINGE-DRINKING

- fun
- experimentation
  - something new
  - gets rid of inhibitions
  - fires you up to try things you wouldn't do when sober
  - puts you at risk

- relieving stress
  - makes you forget problems
  - can do irresponsible things, such as vandalism

2. ダイアモンド(diamond)図

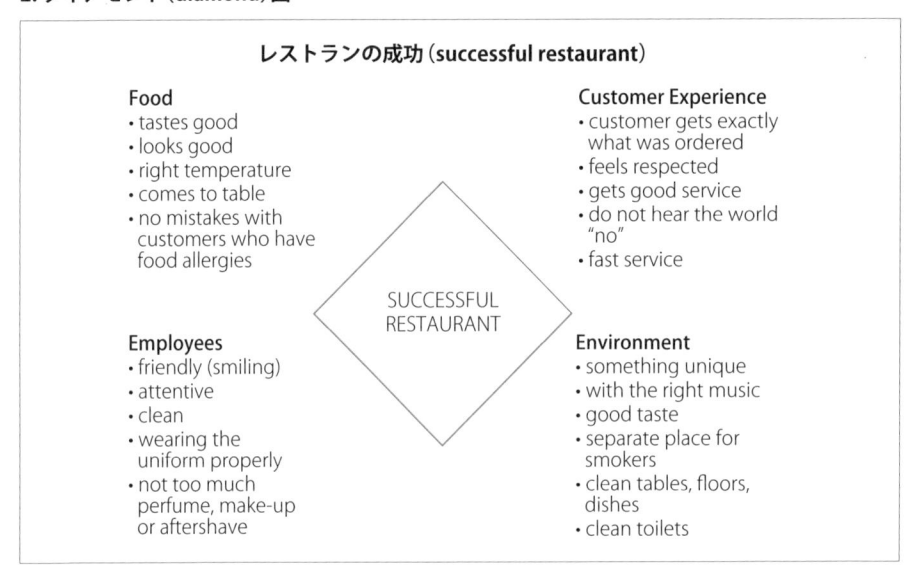

レストランの成功 (successful restaurant)

Food
- tastes good
- looks good
- right temperature
- comes to table
- no mistakes with customers who have food allergies

Customer Experience
- customer gets exactly what was ordered
- feels respected
- gets good service
- do not hear the world "no"
- fast service

SUCCESSFUL RESTAURANT

Employees
- friendly (smiling)
- attentive
- clean
- wearing the uniform properly
- not too much perfume, make-up or aftershave

Environment
- something unique
- with the right music
- good taste
- separate place for smokers
- clean tables, floors, dishes
- clean toilets

3. 魚の骨(fishbone)図

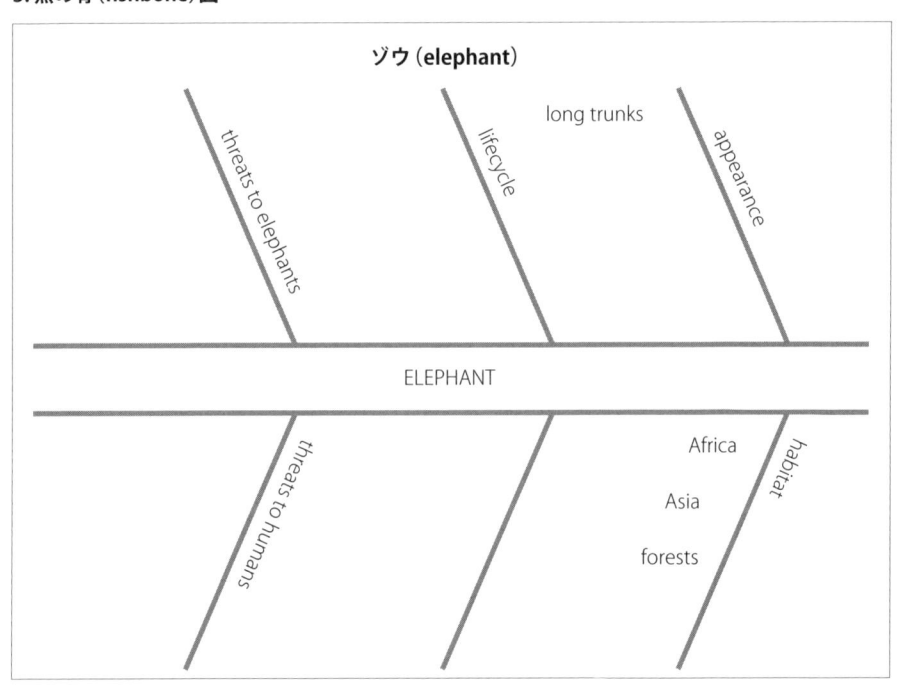

ゾウ (elephant)

- threats to elephants
- lifecycle
- long trunks
- appearance

ELEPHANT

- threats to humans
- Africa
- Asia
- forests
- habitat

このような図を使って考えを整理し、ブレインストーミングを効果的に行ないます。**なぜその結論に至ったのかという理由を互いに共有すること**は大切です。生徒は、間違いをしてしまうのではないかという不安などから、マイナス思考となるケースが多いので、その点に配慮しながら、効果的なブレインストーミングを行ないましょう。次のような表を用意して生徒に自分の考えを整理させるとよいでしょう。

ブレインストーミングチェック表

What I know （自分が知っていること）	How I learned this （それをどう知ったか）	How I feel about this topic （この話題をどう思うか）	What I want to know （何を知りたいのか）

6.3　知識は小分けにまとめる

　情報は、一度に多く与えられるより、量を少なくし小分けにまとめられたほうが記憶に残ります。電話番号の数字を考えてみてください。左と右の数字はどちらがおぼえやすいかを見れば一目瞭然です。

0492764523　　　　049（276）4523

　当然右です。**チャンク (chunk)** というまとまりになっているからです。基本的に、人間は、**短期作業記憶 (short-term working memory)** においては、7つ程度の情報しかおぼえられないと言われています。たくさんの情報は無意識的に避けていると考えられています。そこで、おぼえた情報を**長期記憶 (long-term memory)** に残すためには、得た情報を関連するようにし、新しい情報は古い情報と比較して、以前の情報と結びつけていくのです。情報が分かりやすいチャンクとして学習者に提示されれば、短期記憶がうまく作用します。そうすると自信も生まれ、不安がなくなります。これが成功体験と重なり、課題がうまく処理できるようになります。もし、学習者が迷ったら、再度チャンクを確認し、整理して理解し、課題に取り組むようにさせましょう。

　チャンクは生徒のコミュニケーションを促し、「足場づくり」を有効にします。生徒がテキストなどをチャンクにすることで学んだら、次の質問をしてみてください。それに答えられれば、

自分自身で足場づくりができていると言えるでしょう。

- このチャンク/セクション/パラグラフが設定している重要な問題は何か？
- ここでおぼえる最も重要なことは何か？
- 重要なメッセージは何か？
- テクストのどの部分を強調するか？
- 先週学んだこととどうかかわっているのか？
- ここでおぼえる重要な語句や表現は何か？
- ここで学んだ情報をどのように思い出すか？

チャンクを効果的にするためのツールはたくさんあります。図、表、グラフ、マインドマップ、ウェブ、絵、写真など、また、類推、語呂合わせなどもチャンクに役立ちます。次は英語のチャンクで表やチャートを使った例です。

表（table）

JAPAN TODAY: Five categories – Five facts

Major cities and their population figures	Major exports	Major imports	Education system	Major historical events still having an impact on the country
Tokyo	Car	Oil	6-3-3-4	World War II

チャート（chart）

```
        DEFORESTRATION
        ↙         ↘
    Causes      Consequences
```

話の構造マップ（story mapping）

次の項目に従って、話を図解する。

       title, author, main character, other characters, outline, location, main idea, etc.

考えの拡張（concept expander）

用語（term）から関連する語句（related words）を引き出し、それをまとめて記述（summary statement）し、その結果となる事実や出来事（consequences）を整理し、さらにそれをまとめて記述（summary statement）する。

例）

term	Carbon footprint
related words	responsibility, damage, choice, lifestyle, sustainability
summary statement	Each person can choose to live a sustainable lifestyle and can take responsibility for reducing damage to the world.
consequences	ecological balance (less extreme weather) more secure future (cleaner air) global citizenship (thinking globally, acting locally) wellbeing (fewer respiratory illnesses)
summary statement	The citizens of the globe will have a more secure future if they work to reduce each person's carbon footprint and increase ecological balance and wellbeing.

トピックが整って、この活動に慣れたら、上の例をさらに発展させて、環境破壊が経済にどのような影響を与えるのか、環境破壊が与える経済的インパクト、あるいは、人々と国際関係のような問題を取り上げてみるのもよいでしょう。

記憶する工夫

語句をおぼえるということは大切です。そのためには、おぼえやすい工夫をしなければいけません。記憶には印象深く、響きの良い言い回しなどはとても有効です。その際、自分なりの記憶法を開発してもよいのです。たとえば、週ごとに2人がペアになって順番に、活動の中で学習して記憶に残ることばを出しあいます。それをクラス全体で共有することもできます。また、英語の場合、次のような語呂合わせは役に立ちます。

　　Please **e**xcuse **m**y **d**ear **A**unt **S**ally.［parentheses（括弧）, exponents（指数）, multiplication（乗法）, division（除法）, addition（加法）, subtraction（減法）］

My very entrepreneurial mother Cheryl just sold us nine cheap Xenons!
[Mercury（水星）, Venus（金星）, Earth（地球）, Mars（火星）, Ceres（ケレス）, Jupiter（木星）, Saturn（土星）, Uranus（天王星）, Neptune（海王星）, Charon（カロン）, Xena（ゼナ）]

チャンクでまとめる数学の授業案

　題材はピタゴラスの定理です。まず、すでに学習したことを生徒の興味とつなげます。そして、学習した内容に次の点をつなげることを考慮し、情報の「足場づくり」とチャンクにまとめることを行ないます。

- 生徒の好みを尋ねます
- 感動した話に話題を持っていきます
- この授業では、オリンピックの話題に誘導します
- むずかしいことばは説明をします
- 作業の中で、状況から意味を推測したり、情報を再構成したりするストラテジーを使うようにします
- ブレインストーミングで紹介した図を使い、情報を整理して、カテゴリーに分けて、チャンクにまとめます
- チャンクにまとめる作業は、はじめはおもしろく、次第にむずかしくなります
- 課題は、生徒が負担に感じないように一つ一つ
- 生徒が情報をまとめるのを助けます
- ペアワークから個人の活動へと橋渡しをします
- 生徒にとってむずかしいと思われる活動は手助けをさらに加えます

　指導手順は次のようにします。

1. 次のように質問します。

    Who watches the Olympic Games?

    What are your favorite competitions?

    Is there an athlete that has particularly impressed you? Why?

2. 次のテクストを提示して、読んで話し合います。
   During the early years of the Olympic Games, organizers did not want to let this stubborn, young hawk-nosed brawler enter the competition. They said he was too small. But the young man persisted. He was eventually allowed to compete. He beat everyone. If this had happened in our time, Pythagoras would have made the headlines of all the papers: 'Unknown Greek wins gold medal in fist fighting'. As you know, nowadays, fist fighting is not an Olympic sport. However, in those days, there were no newspapers or medals. Had there been newspapers and medals, they are unlikely to have survived for thousands of years. Legends, however, seem to have a long life. Pythagoras's life is the stuff of legends.
   - Adapted from Studies of Famous Mathematicians, Heino Koppel, Tallinn 2000
3. Pythagorasについて調べてみます。資料を渡し、各自で読んでみる。知らない単語を確認して、推測させてみる。
4. 読み取れた事実をカードに書いてまとめてみる。
5. 生徒がグループになってまとめたカードの事実を互いに比較して確認させる。
6. 分かった事実を、カテゴリー化して整理してみる。
7. 整理した内容を、ポスターにまとめて、発表し、他のグループと比較してみる。
8. Pythagorasについて人となりをまとめて、定理の理解へと進みます。

　このような情報を理解しやすいように整理していくプロセスは、CLILだけの特徴ではありませんが、CLILでは上記のような活動をすることがとても大切です。内容、ことば、学習スキルというCLILの3つの目標に関連して、ここで紹介した**「小分けにしてまとめ、整理する」という活動は有効**なのです。

6.4　創造的思考と批判的思考を養成する

　ブレインストーミングの活動の中では、**創造的思考（creative thinking）と批判的思考（critical thinking）** は重要です。創造的思考は、創造性、考えの発展、過程、対象、関係性のつながり、相乗効果、質的関係性とかかわります。**批判的思考は、創造的思考を評価することと関係**します。教育の実践的な場面では、考えや学習を計画し、記述し、評価する際に学習者が経験する心的過程として、批判的思考は説明されます。自立した思考で、学習の基本とも言えます。思考の質を高める作業をすることで、学習も向上するのです。

創造的思考は、効果的な計画をする上で必要な要素です。少なくとも学習を向上する可能性を持っています。日常生活においても、生活のさまざまな問題について、分析し、解決策を考えています。創造的思考は、他人により分かりやすく何かを説明したり、ユニークな観点から、計画や結果を評価したりしているのです。創造的思考と批判的思考を区別するのは、両者が互いにからみあっているのでむずかしいと考えられます。さらに、私たちの価値観、態度、感情なども、思考に影響を与えています。たとえば、あるトピックについての否定的な態度は学習能力に影響を与えます。ですから、私たちの心は、否定的な感情をともなう情報を拒否するのです。

　私たちの感情は私たちの学習の邪魔をすることがあります。肯定的な感情は、柔軟に考える力を高めます。問題がより複雑になっても、問題の解決策を見つけるのを容易にしてくれると言われています。逆に、考えが感情に支配されてしまうと、感情の方が勝ってしまう傾向にあります。人は情緒的に否定的で安定していない状態になると、物事をきちんと考えられなくなってしまいます。**学習者は、前向きに楽しく学習できる環境の下で、より良い学び、より良い記憶、より良い自尊感情を育んでいく**ことが必要です。

　思考についての考えは多様です。CLILでは、**思考は他の人との支え合いの中で発展する**と考えています。そこでは、教育界ではよく知られているアメリカの心理学者 **Benjamin Bloom 氏による教育目標の分類**が参考になります。Bloom 氏は、教育目標を次の3つの領域に分けました。

> 認知的領域(cognitive domain)
> 情意的領域(affective domain)
> 精神運動的領域(psychomotor domain)

　思考に関しては、特に認知的領域とかかわります。この認知的領域を、Bloom 氏は次の6段階に分けましたが、彼の教え子の Lorin Anderson 氏と David Krathwohl 氏による改訂版のほうが分かりやすいので、ここではそれをもとに説明します。

認知的領域 (cognitive domain) のレベル分け

Bloom	AndersonとKrathwohl
評価 (evaluation)	創造する (create)
統合 (synthesis)	評価する (evaluate)
分析 (analysis)	分析する (analyse)
応用 (application)	応用する (apply)
理解 (comprehension)	理解する (understand)
知識 (knowledge)	おぼえる (remember)

　Anderson氏とKrathwohl氏のレベル分けは、特に、授業過程を確認する上で参考になります。たとえば、課題学習の場合、まず、新しい知識や理解を適用し、その知識や理解をどう応用するかを分析し、課題の進行状況や学習の効果を評価し、新しいものを創造するという過程をとります。その場合、「おぼえる」とか「理解する」は当然埋込まれた活動となります。このレベル分けは、思考、とりわけ、批判的思考のプロセスには有効です。

　CLILでは、このような思考活動は重要な要素です。科目内容やことばだけを教えることに集中していては、CLILの良さが発揮されません。生徒の思考を活性化させることは重要です。そのためには、ここで取り上げた創造的思考や批判的思考活動に留意しながら授業を実施する必要があります。以下は、**CLIL授業活動で役に立つ思考を育成する方法について表したチェックリスト**です。CLIL授業での活動の際に参照してください。

CLIL授業活動での生徒の思考育成方法チェックリスト

- 他の生徒や自分を理解する (appreciating)
- 目的をもって項目を割り当てる (assigning)
- 項目を関連させる (associating)
- 項目をカテゴリー化する (classifying)
- 項目を一つにまとめる (combining)
- 責任を理解し受け入れる (committing)
- 類似と相違を理解する (comparing)
- テクストの重要点を抽出する (condensing)
- 項目や情報の特徴を変える (converting)

→次ページへつづく

- 重要な特質や特徴を決める (defining)
- 項目や情報の特徴を報告する (describing)
- 物事に名称や機能などを割り当てる (designating)
- 情報のいくつかを他と異なって扱う (discriminating)
- 考えをさらに先に進める (extending)
- 物事の原因と結果を理解する (identifying cause and effect)
- 心的イメージを持つ (imaging)
- 関係を見つける (linking)
- 誰が何をするのか観察する (observing)
- 何が起こるのか予測する (predicting)
- 対立する物事をまとめる (reconciling)
- 相手になって考えて行動する (roleplaying)
- 物事を分解して要素を理解する (separating)
- 好みに応じて必要な選択をする (selecting)
- 別のことを始めるきっかけを作る (triggering)
- 物事がどういう状態でどう使われてきたか考える (utilizing)
- 情報がどう受け入れられるようになったか検証する (verifying)

さらに、授業中のやりとりで生徒の思考を促す英語の質問例です。これも参考にしてください。

生徒の思考を促す英語の質問例

- How did you come to that conclusion?　どうしてその結論に達したのですか？
- Why do you think that person (character) did that?　その人はなぜそうしたと思いますか？
- What is important to that person?　その人にとって何が大切ですか？
- What would your friend say?　友達はどう言っていますか？
- What is the proof?　証拠は何ですか？
- Is this relevant to us?　これは私たちに関連してますか？
- Can you say that more clearly?　もう少しはっきりと言ってもらえますか？

- How would a scientist say the same thing?　科学者は同じことをどう言っていますか？
- What does that remind you of?　それを聞いて何を思い浮かべますか？
- How is this different from what you have learned?　これは学んだこととどう違っていますか？
- How does that make you feel?　どう思いますか？
- What is the most important point you are making?　いまあなたが考える最も重要な点は何ですか？
- Can you say that in five words or fewer?　5語以下でそれを言えますか？
- Can you give an example?　例を挙げられますか？
- Is that your opinion or a fact?　それはあなたの意見ですか、それとも事実ですか？
- What do you feel when you have gone against something you value or believe in?　考えていることと違った方向に向かったときどう思いますか？
- What values are driving this issue?　どの考えがこの問題を先に進めますか？

6.5　学習スタイル

　人はそれぞれ好みが違います。学習やコミュニケーションにおいてもそのことが言えます。生徒もそれぞれ個性を持ち、教師も教え方が違います。**教師は、生徒個人の学習スタイル（learning style）を考慮して、学習とコミュニケーションの橋渡しをする**必要があります。学習スタイルにはさまざまな考えがあります。たとえば、代表的な分類では、大きく、**視覚的（visual）、聴覚的（auditory）、運動感覚的（kinesthetic）**というように、学習者の学習スタイルを分けます。教師は、学習者の学習スタイルを考慮し、自身の教え方を調整しなくてはいけません。

　CLIL授業を始めるときには、このような個人の好きな学習スタイルを考慮しながら、言語学習スタイルをさらに吟味していくことが重要です。このように学習スタイルをさらに考えていくことが、CLIL学習に適する生徒の**言語学習ストラテジー（language learning strategy）**の幅を広げていくのです。当然、生徒の科目内容の学習にもよい効果をもたらし、教師自身の学習スタイルを考える機会にもなります。また、教師は自分が好きな学習スタイルや学習ストラテジーを生徒に提示する傾向があります。教師が意識して学習について考えることは、長い目で見れば、生徒の学習をより快適にするでしょう。

　次に、**CLILで役に立つ学習スタイルと学習ストラテジー**について簡単にまとめておきます。

CLIL指導では、学習スキルも重要な指導目標ですので、学習者の学習をしっかりと理解し配慮する必要があります。

CLILで役に立つ学習スタイルと学習ストラテジー

視覚的（visual）　視覚的に見ることを通して学習する
● テクストを読む前に、絵、見出し、図をざっと見る
● 重要な考えやことばをカードにする
● 重要な情報を紙に書いて見えるところに貼る
● 絵や図にする
● 事実を視覚化する
● 重要な考えを標識のような視覚的な物と結びつける
● テクストを図表にまとめる
● 読書、講義、ペアワークなどを図解してまとめる
● ポイントをマーカーで強調する
● 静止画や動画などを利用する

聴覚的（auditory）　聞いたり、話したりすることで、聴覚的に学習する
● 友達と相談し、助け合いながら問題を解決する
● メモを共有し、友達にコメントしてもらう
● 話などを録音し、聞いて確認する
● Skypeなどを使って情報を得て、問題を解決する
● 書く前に頭の中で考えをまとめる
● 読んだことを口頭でまとめて話し合う
● 音読をしたり、してもらったりする

運動感覚的（kinesthetic）　身体の動きや感覚を学習と絡める
● 身体を動かしながらおぼえる
● 理数的な考えをモデル化する
● 身体を動かしてロールプレイをする
● 身体を使って反応する活動をする
● 実験をし、段階に応じて計画をする
● 運動の中でことばと学習を結びつける
● 情報をカードに並べかえ、再度プロセスや式を確認する
● 学習の際にリズムを利用する
● 大切なことばや情報を、身体を動かして強調する

6.6　コンフォートゾーンを超えるために

　足場づくりや批判的思考は学習を効果的にするツールです。また、それは学習者をコンフォートゾーンから一歩踏み出し、コンフォートゾーンをさらに広げるツールでもあるのです。これは、ヴィゴツキーの**「近接発達領域（zone of proximal development（ZPD））**（今持っている知識と教師や友達の助けで達成できる知識の間にある領域のこと）を、学習者が利用するストラテジーと言ってもよいでしょう。これは、学習者の科目内容や態度に対する理解をさらに一歩進めて、学習者が新しいことの理解に向かう手助けをし、ZDPに入ることを援助するのです。ここでは、科目内容の学習に加えて、特にことばの学習を進める方法、コンフォートゾーンを超えることについてまとめておきます。

バランスの取れたサポート

　コンフォートゾーンから一歩踏み出す最善の方法は、学習者自身が行動することです。そのためには、まず、**科目内容、ことば、学習スキルの学習にかける割合を確認**することが大切です。科目の教師がCLILの教師として授業をする場合、ことばにも関心を示し、学習の際に配慮する必要があるでしょう。正確な表現は正しい理解につながるからです。ことばの教師がCLILの教師として授業をする場合、科目内容の教師と連携が必要になります。科目内容は学習者の大きな動機づけとなるからです。また、学習者が言い間違えたり、ことばが見つからないときに、言い直しをすることは大切ですが、あまり修正したり、正しい表現を教えたりすることは、決して望ましいことではありません。学習者自身が気づいて言い直すことはよいことですが、会話が続いているときは内容に集中させて、黒板に正しい表現を書いたりなどして、さりげなく修正を指導するほうがよいでしょう。バランスよく学習者をサポートすることです。

向上を止めないために

　CLIL授業の中では、ことばの面でかなり多くの間違いをします。このような誤りはそのまま直らないで使われ続けてしまい、学習者のことばの向上を止めてしまうかもしれません。CLILでは文法的な正確さよりもコミュニケーションを重要視するために、どうしてもそうなってしまいます。授業活動の中ではそれでも大丈夫かもしれませんが、実社会の中ではそうはいきません。このようなことばの面での学習の向上が止まってしまうことで、教師も生徒も不満を感じることになるでしょう。

　このときに大切な点は、**生徒自身に誤りを気づかせること**です。教師の側から誤りを指摘して修正しようとしないで、話し合いをしたり、実際にCLILのことばを使っている人の話を聞い

たりして、ことばの使われた方を理解させるようにさせましょう。生徒は次第に自分でことばを意識するようになり、ことばの力を理解するようになり、自分で少しずつ修正していきます。

沈黙を大切に

授業中に生徒は手を挙げて発言します。一人が指名されると他の生徒は発言しません。多くの生徒は沈黙しています。これは多くの授業で見かける光景です。CLILでもそうでしょう。CLILでは、当初は特に沈黙することが多くなります。しかし、この沈黙こそが大切です。沈黙から少しずつ発言できるようにサポートします。すでに説明したように、YesやNoで答える機会を作り、一言で済むような質問をし、教室にさまざまな発言のヒントを掲示し、生徒の発言を間接的にサポートします。とにかく、**学習者自身の意思で発言する機会を作ること**です。強制しないようにしましょう。沈黙は決してマイナスではありません。

生徒の沈黙に対処するCLIL教師の英語表現例

- I can see from your eyes that you know something about this, and I would like to hear what you have to say.
- Can you show us what you know by acting it out or drawing it?
- I'm going to come back to you in five minutes. Please get ready to speak to us. After thinking by yourself, you can ask one other person in the class for help for a minute.
- I want to hear from you during the lesson. Please get ready with one answer or a question. I will not ask you any more questions during the period. Let me know when you are ready to give an answer.

生徒には、まず反応するだけの質問などをし、生徒が答えようとしているときにサポートし、クラスの友達と相談できるようにして、**できるかぎり発言しやすい雰囲気**を作ることが重要になります。

6.6　CLILの活性化と適切な教室環境づくり

CLILは、**つながりから生まれるシナジー（相乗作用）** を生み出します。雁のV字形の群れを思い浮かべてください。群れをなして飛ぶことで、単独で飛ぶよりも、70%も遠くへ飛ぶことができるという報告もあります。CLILでつながり、意味ある活動をし、学習者自身が学習することで、CLILをさらに効果的にする方策をここでまとめておきます。

人はふだんの生活の中で、物理的にも心理的にも安全でいたいと願っているものです。自信

を持ち、批判的に思考を行ない、ことばを使うことを試し、学ぶことはチャレンジで、意義あることと考えるCLILの学習者は、多くのことを学ぶ傾向にあります。ここではCLILの活性化と適切な教室環境づくりと関連して、**CLIL学習を達成するためのヒント**を紹介しておきましょう。

1. 授業ルールを確認する

　CLILに限らずどの授業でも、最初にいくつかのルールをはっきり決めておくことは大切です。生徒は自分の学習に役立つルールのもとで安心して学習に取り組みます。そこで生徒に嫌な学習の記憶を思い起こさせ、話し合いを行ない、どうしたらよい学習ができるかを考えてもらいます。いくつかルールが決まったら、そのルールを教室の壁などいつも見えるようにします。高学年になると、このようなルール作りは嫌がるかもしれません。その際は、他の教師と相談して、いくつかの授業で共通のルールを決めるようにするとよいかもしれません。いずれにしても、生徒が、自分のために自分たちで決めて、**学習が快適になるような授業ルール**を考えさせることが大切です。

2. 物理的な安全を担保する

　ことばの知識の不足によって安全性を損ねてはいけません。安全に関する理解は日本語で理解しておくことが大切です。たとえば、化学や職業訓練の授業では、実験器具、化学物質、手順、保管など多くの危険があります。CLIL授業では、まず、日本語で存在する危険について説明しましょう。クラス全体で、身の回りの危険について確認します。**より安全な学習環境をつくること**はどの授業でも基本です。

3. チャレンジする気持ちを奨励する

　学びやコミュニケーションではリスクがつきものです。CLILの授業では、とりわけこのリスクがあるかもしれません。聞いたり、読んだりしていることばをすべて理解するわけではありません。推測したり、意味内容を軽くしたり、簡単なことばで複雑なことを表現しようとしたりすることが生徒に期待されます。新しく学ぶことや言いたいことを言うときにはある程度のリスクを冒さなければいけません。CLIL授業ではこれを奨励することが大切です。多少間違っていても評価することです。そのためには、CLIL教師もそのような態度を示すことです。CLIL教師はことばの面での言い間違いや内容理解の面での誤りには寛容であり、**CLIL教師自身がリスクを冒す態度**を生徒に見せるようにします。

4. 静かな環境

　外国語で学ぶのも外国語で教えるのも大変です。CLILでは、その点を考慮して、何かを読んだり、理解したりする静かな時間を取ることが必要です。つまり、少し頭を整理して、次のことに取り組むための個人的な時間が必要になります。騒がしい環境では集中できないかもしれません。**静かに考える環境が保たれること**も重要です。教師は、活発に活動する機会とともに、次の活動のために充電期間を生徒に保証するようにしましょう。また、生徒は、ディスカッションなどの活動に参加できそうもなく、自信がないと感じるならば、「パス」してもかまいません。一通り活動を終えた後で、何か補足説明することはないか聞いてみてください。もしかしたらこの段階でパスした人が答えることができるかもしれません。

5. 一貫性と公平さ

　指導に一貫性を持つことは、信頼を構築するためにはなくてはならないことです。教師と生徒の信頼関係は、作り上げるのに時間がかかりますが、ダメになるのは早いものです。CLIL授業に生徒は当初慣れないかもしれません。学び方がふつうの英語の授業や科目の授業と異なるからです。一貫性のある指導を行ない、信頼関係を築くことが大切です。**一貫性とともに公平さを失わない**ようにします。学校全体の方針もありますから、学校全体の方針と関連させて、CLIL授業を実施することが成功の秘訣です。

6. 知らないことは楽しいことと結びつける

　CLILでは、ことばと内容の両面で知らないことが当然多くなります。よく分からないことに対応できる姿勢や対処法を身につけることが、カギとなります。そのためには、知らないことを楽しいことやチャレンジと捉え、前向きに考えることです。反抗したり、マイナスに考えたりしないようにしなければいけません。最近では、インターネットによる検索が容易になりました。分からないことを自分で調べることが簡便になっています。また、インターネットで検索して調べることは、ある意味で楽しいことで、分かった場合には喜びも大きくなります。知らないことがあっても、すぐに教えようとしないで、**生徒が自分で解決するのを待つ**ようにしましょう。学習の楽しさにつながります。

7. 積極的な姿勢を維持するようにペース配分する

　だれも自分のことを聞いてくれないほどむなしいことはありません。著名な心理学者ジャン・ピアジェが言うように、ある程度の**認知的葛藤（cognitive conflict）は学習の際には必要**です。生徒はそれぞれです。人によって学習の進度が違います。生徒の理解度や学習態度を観察する

ことは重要です。軌道修正も必要になるかもしれません。生徒の積極的な学習を引き出すためにペース配分を考えましょう。

8. 一人ひとりの生徒を認める

「自分を好いてくれる人は好き」という心理が働きます。学習者はそれぞれ、自分が必要とされている、あるいは、認められたいという願望を持っています。生徒を見る、生徒の話を聞くということが基本です。具体的には、声かけ、アイコンタクト、スマイル、発言に応答するなどがあります。とりわけ、幼い生徒は、先生の手伝いをする機会を通じて先生との一体感を感じ、**生徒自身が認められていると考えて、CLILの授業に意欲を持つ**ようになります。

9. 生徒の助け合いで互いが豊かになる

教師一人に対して生徒は大勢です。一人で生徒たち全員のことを理解するのはとてもむずかしいことです。CLILでは**協力的で支え合う姿勢**が求められます。まず、生徒同士で互いに学び合い、学習したことを共有し合うことで、CLILの授業にとってよい環境ができます。また、よい授業とするために、生徒の授業中の様子を観察するのは、生徒がどのような状況にいるかを判断するよいサインになります。にやにやしていたり、真剣な顔をしていたり、テクストを指差していたりなどの動作は、とても参考になります。

10. 成果を発表し、成功を認める

課題やプロジェクトの成果を他の人たちに提示することは一人ひとりを認める方法です。生徒は、成果を他の人にも認めてもらいたいという願いを持っています。周囲の人たちにほめられれば、自信がつき、誇りをもつことができるでしょう。あらかじめ、発表の前に、どのような提示方法があるか（ポスターセッションや口頭発表など）、あるいは、どのくらいの期間展示するのかなどを話し合うことも必要です。単に教師に提出して終わるよりも、生徒の課題に取り組む姿勢ははるかに前向きになるのではないでしょうか。他の人の課題を見ることも意義があります。そのような発表は、次の課題の成果にもつながります。できれば展示会や発表会には外部の人を招待してみましょう。生徒にとってよい刺激となります。このように成果をほめることは生徒自身の自尊心を高め、学習に対する積極的な姿勢を導きます。また、教師にとっても、プロジェクトなどに費やした時間とエネルギーが成就感に変わり、意義あるものとなります。CLIL学習を通して、**教師も生徒も共に成長していくこと**になります。

11. 生徒に力を与える

　生徒は声をかけられると、それぞれ自分の学習について責任感を持って取り組む傾向にあるようです。次の2つのポイントをヒントとしてください。

1）生徒自身が選択、決断、計画する

　どの活動をするかなどの選択を生徒自身が行なうことにより責任感を持つようになります。たとえば、CLIL授業では、読み、書く、聞く、工芸、数学、公民などを自分で学習する学習センターを教室の中に設定すると効果的です。それぞれの科目で1学期中に5つの課題をこなすというように計画をし、実践するのです。

2）リーダーを交代して行なう

　リーダーの役割を交代して行ないます。リーダーを交代することにより、互いに支え合うことの大切さを考えるようになるのです。また、リーダーをすることで、それぞれの生徒が責任について意識するようになるのです。

12. 自由な座席にする

　CLIL授業では生徒の座席は決めないようにしましょう。活動に応じて、円形、V字型など、机と座席は動かせるようにしておきます。自由な形で座ることにより、話しやすく、活動しやすくなります。

13. 学習に焦点を当て続ける

　CLILでは科目内容の学習に焦点を当てることが大切です。CLILの学習者はことばの学習は付随した学習と考える傾向にありますが、それでも内容だけでは納得しないのです。

14. 学習者の生活に学習をつなげる

　学習者の生活につながることは安心した学習環境を作ります。そのような環境では、他の学習者とコミュニケーションしながら、学んだことを生活に関連させるようになります。学習が生活に関連するようになれば、記憶に残り、将来にも応用できる学習となるのです。まず、新しく学習したことを、個人に、次に、個人をコミュニティに、そして、個人をさらに世界へと、つながりを発展するようにします。いま学んでいることが世界にも関連することを実感することで、学習意欲は高まります。

15. 生徒の興味関心を大切にする

　生徒の興味や関心を調べ、**生徒をよく知ること**から始めましょう。また、生徒に興味や関心のあることを授業で話してもらうのもよいでしょう。生徒は、コンピュータやゲームなどによる最新のコミュニケーション方法についてよく知っていますし、興味を示しています。インターネット上のコミュニケーション方法はこれからもますます進んで行きます。これらのコミュニケーションツールを利用して、自分のプロフィールを外国語で書いたり、有名人や歴史的の人物のプロフィールを外国語で書いたりする活動も意義あるものとなります。

　地理のCLIL授業では、一年間でどのような旅行ができるかを調べると同時に、その国々の人々、文化、食べ物などを調べることもおもしろいでしょう。その他にも、自分の夢（理想）の部屋を考え、他の国の部屋とどう違うのかなどを比較したり、国による休日の違いも比べてみたり、国と国の比較分析をしながら国際的な学習をすることも生徒の興味を引きます。

　その他にも、小学校では、友達の好きな食べ物、好きな俳優や歌手などを調べてまとめてみるのもよいでしょう。職業学校であれば、観光や技術など、関連の仕事分野のリサーチをしてみることも興味を引くでしょう。履歴書を英語で書くのも意義があります。さらには、自分のビジネスについて構想してみるのもおもしろいはずです。

16. 会話をリードする機会を与える

　CLILでは、科目内容のカリキュラムと学習者の関心によってことばの学習が決まると言ってもよいでしょう。CLILのユニークな点は、生徒が主体的にコミュニケーションすることで、ことばのニーズが決められることがあるということです。生徒は、自分が話したいことが教師のサポートなどでうまく言えたときに、よく学習します。そのように**生徒自身のニーズに合った会話の機会**を与えることが大切です。たとえば、生徒からCLILの話題のきっかけを得ることです。何か問題があったときに、CLILのことばを使い解決するということがあれば、CLILの学習の効果が出ている証拠です。また、教師の話と授業活動を考えてみるとよいでしょう。低学年ではほとんど教師が話しているでしょう。しかし、次第に生徒が話すことが多くなることが理想です。生徒にCLILのことばを使って活動をリードするようにしていきましょう。

17. 生徒が意思決定に参加する

　生徒が意思決定に参加することは重要です。生徒が教師といっしょに学んでいくという気持ちになり、学習者の関係性、学習内容との関連、学習に対する自覚などが、CLILを通して育ちます。自意識や自己管理は関連性を気づくための手段です。意思決定に参加させるための一つのよい方法は、授業の様子をビデオに撮ることです。それも生徒が撮影することが大切です。

それを後で見てください。生徒が自分たちの学習をふりかえり、さらに提案をするかもしれません。

18. 学習の情意面を支える

　感情ぬきには学習は語れません。つまり、感情が学びに大きく影響を及ぼすのです。感情をうまくコントロールしていくことが学習には大切です。ことばはこの感情を動かす車かもしれません。母語ならば、この車を運転することは容易かもしれませんが、外国語ではそうはいかないでしょう。このような情意面を考慮する必要があります。そのためには、まず、**学習者が授業で今どのような感情でいるかを察知すること**です。英語であれば、次のように言ってみてください。CLILのことばを通してつながることがCLILを成功に導くのです。

生徒の気持ちを推し量る表現

- I see you are happy with that result.　その結果がうれしいみたいだね
- You have achieved a good result.　よくやったね
- What is it that you are most pleased with?　もっともうれしいのは何かな？
- I see you are frustrated.　不満みたいだね
- What are you feeling at the moment?　いまどんな気分かな？
- Are you angry, frustrated, disappointed or …?　怒ってる、いらいらしてる、がっかりしてる、それとも？
- What is causing that feeling?　どうしてそんな気分になっているのかな？
- Can you name a few possible solutions?　いくつか解決法を言えるかな？
- What can the two of you agree on?　二人が一致することは何かないですか？
- How can we move forward?　どうやったら前へ進めるかな？

　このような情意面のサポートはどの授業でも大切ですが、CLILでは特に気をつけなくてはいけません。ことばが学習の手段となっているからです。

19. コミュニティの人とつながろう

　地域のコミュニティの人たちはCLIL学習の力強い支えとなります。教師一人ではそれほど多くのことはできないからです。CLILでは、さまざまな地域の人たちの中でも、CLILのことばを話す人と出会う機会を作ることが大切です。

CLILのことばを話す人とコンタクトする方法

- 地域のニュースレターなどを利用して、広報を通して依頼する
- 地域の国際交流センターとの関係を密にする
- CLILのことばを話す人に直接依頼する
- 大使館や領事館や会社の人とつながる
- CLIL関連の専門家たちとつながる
- CLIL学習者の保護者に依頼する
- 旅行代理店とつながる
- ギャラリーや博物館の人とつながる
- 青年海外協力隊などの人とつながる

20. コミュニティと関連したプロジェクト

　日常生活、学校、コミュニティに関連した調査などで、統計の知識を使ってコミュニティとつながるプロジェクトを行なうことは、CLILでも有効な活動です。たとえば、警察署を訪れ犯罪を取材し、結果を解析しまとめて発表するというプロジェクト、高齢者にインタビューし福祉について考えるプロジェクトなどがあります。職業学校であれば、仕事について調査してみるのもよいでしょう。その際にも企業の人や専門家にインタビューします。さらには、地域の自然について調べることもおもしろい活動です。

21. 教室を世界とつなげる

　教科書だけではどうしても内容的に制限があり、生徒の興味関心や意欲を育むことはむずかしいかもしれません。教科書は現実の世界で起こっていることを即座に生徒に示すことはできないからです。CLILは、ひょっとすると、そのような点をカバーできるかもしれません。インターネット情報からさまざまなことを知ることができ、さらには、コミュニケーションも可能になっているからです。教室から世界を見ることができるし、つながることができるのです。

22. 交流をする

　直接訪れることには時間と費用がかかりますが、バーチャルに交流することはむずかしいことではなくなっています。国際交流というかたちでさまざまな交流はすでに行なわれていますが、CLIL授業での交流は、通訳を介して、儀礼的な交流ではなく、内容をしっかりと学ぶことに重きが置かれています。ICTを活用するとしても、すべてお膳立てすることよりもICTの技能

も学ぶことを目的として交流をするのです。

23. 意味のやりとりをする

CLILでは内容が大切です。つまり、完全な文で言うことよりも内容が優先されます。短いフレーズのほうが意味のやりとりをするときには効果的です。このことは、教師にも生徒にも当てはまります。**意味のやりとりをするストラテジーには、1) 共通の理解を得ることと、2) 次に進むステップとなること**、の2段階があります。具体的なストラテジーの例は次のようになります。

- キーポイントを求める
- 明確さを求めるように促す
- 個人的な解釈を歓迎する
- 自由な発想を使い、個人的な意見を出させる
- リスクを冒すことを評価する
- 定義を提示する
- パラフレイズ（言い換え）する

24. 学習者同士で支え合う

CLILでは**学習スキルの向上はとても重要な役割**を果たしています。カナダのモントリオールで実践された学習者中心のCLILプログラムによると、生徒中心で第2言語を40%使って教えた場合と教師中心で第2言語を80%使って教えた場合を比べても、生徒の学習成果の結果に大差はほとんどなかったそうです。**重要なことは生徒の考え方（mindset）に注意すること**です。CLIL学習について次のように生徒に質問して、考え方をふりかえるように促してみてください。

考え方をふりかえる質問例

How do you feel and what do you do: （次のようなとき）どう感じますか
- when you are faced with a problem or obstacle?　問題に直面したら
- when you are criticized?　批判されたら
- when you are faced with a challenge?　困難に直面したら
- when you are asked to expend a lot of effort?　努力するように要請されたら
- when you see someone else succeed?　だれかがうまく行ったら

このような質問に対して自分の考えを書いてまとめ、話し合いをしてください。そのプロセスが、学習スキルを高めます。**学習スキルはさまざまな学習に対処するツール**です。適切なときに生徒に提示して学習に対する考えの参考にするようにしましょう。これはCLILの目標の一つです。

CLILでの学習スキルに関連して自分の考えをまとめるヒント

感情をコントロールするヒント
● ことばの誤りをからかわない
● とまどいや不満を受け入れる
● 自分に素直に
● 日誌をつける
● 自分の辞書をつくる
● 自分を観察する
● I feel ... でコメントする
● 別の観点からも考える
● 自分を信じる
● 静かな時間をつくる
日誌で使う英語表現例：
● I admire ...(someone)　～はすごいと思う
● I feel most comfortable in class when ...　～するときが一番楽しい
● I learn better when ...　～するとよく分かる
● I get stressed in class when ...　授業中に～するとストレスを感じる
● I reward myself for progress in language (content) learning by ... 　～することでことば（内容）の学習で成果が出ていると思う
CLILのことばで書くヒント
目的理解 ● 読み手を考える ● 評価の観点を知る
書く前に ● 簡単なブレインストーミングをする ● 同じような文を参考にする ● 役立つ語句をグループでチェックする

→次ページへつづく

構成する
- 短いアウトラインを書く
- イントロダクションを書く
- パラグラフのトピックセンテンスを書く
- パラグラフの指示部分を書く
- 結語の部分を書く

文体を決める
- 文やパラグラフを簡潔にする
- 語順を確認する
- 類語の数を確認する
- 明確なつなぎの語句を確認する

推敲する
- 何度か書き直す
- うまく書けないのは当然と考える

互いに読む
- 少し時間をおいて見直す
- 目的に合わせて書き直す

リーディングのヒント

態度
- (読むことに前向きに)自分をコントロールする
- 現実を見る(簡単には読めない)

速さ
- 一度に2～3語いっしょに読むようにする
- 速く読めるように努力する
- 集中できるようにする

準備
- まず全体をざっと見る
- よく使われている知らない語は辞書で調べる
- 見出しや図などを見て、必要があれば結論を読む
- 読む場所を決める

目的

- なぜ読むのか決める

過程

- パラグラフ読みをする
- 見出しを自分でつける
- ポイントをメモし、要点をまとめる
- 図やチャートにまとめる

学習のヒント

計画と集中

- 学習を妨げる原因を把握する
- 学習する場所を探す
- 学習をいくつかの課題に分ける
- 課題にどう取り組むか計画する
- 学習する時間を決める
- 学習に集中できないときは、短い時間に区切る

記憶力の活性化

- 学ぶ内容をグループ化する
- グループで学ぶ
- 自分の辞書を作る
- 家の壁などに学ぶことをカードにして貼る

6.8 CLILで学ぶ

　CLILを一言で表すと、**さまざまな学習の「融合（fusion）」**と言えるでしょう。**CLILの3つの目標（内容の学習、ことばの学習、学習スキル）**を達成するために、**認知、文化（コミュニティ）、内容、コミュニケーションという4つの公理**にもとづいて、整理すると、次の4つの表現を使ってCLILを成功に導く秘訣を表すことができます。

つながる (connect)　　生徒は、〜 とつながっているか？

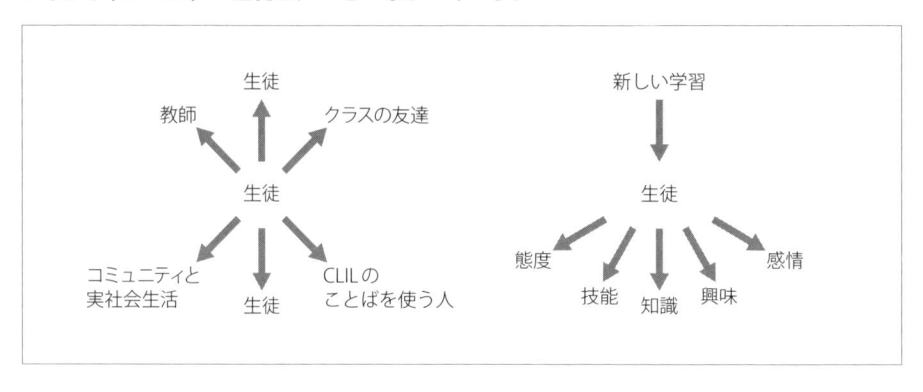

```
        生徒                        新しい学習
教師  ↑  クラスの友達                   ↓
    生徒                            生徒
コミュニティと ↓ ↘ CLILの      態度 ↙ ↓ ↘ 感情
実社会生活   生徒  ことばを使う人     技能 知識 興味
```

　このような学習者である生徒を中心としたつながりがCLILを成功に導きます。ある環境につながる学ぶ内容とことばを、文化（コミュニティ）が支えるのです。そこには、もちろん、コミュニケーションが生まれます。

意欲を引き出す (inspire)　　生徒も教師も、学習に意欲的になっているか？

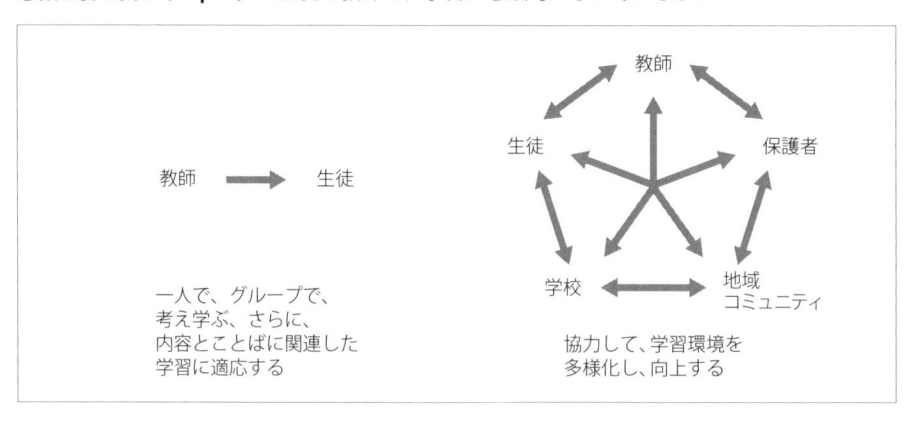

```
                            教師
  教師 → 生徒           生徒     保護者

  一人で、グループで、       学校 ── 地域
  考え学ぶ、さらに、              コミュニティ
  内容とことばに関連した
  学習に適応する         協力して、学習環境を
                        多様化し、向上する
```

　学習に対する意欲を持ち続けることは、一人ではかなりたいへんかもしれません。学習は基本的には自分で考えることですが、この図のように生徒の意欲を引き出すために支援が必要です。これも、CLIL成功のカギとなります。

実行する（deliver）　　生徒も教師もCLILを実行しているか？

- 内容、ことば、学習スキルの成果、かかわり、計画を実行する
- 学習の向上と個人的な成長を実現する

　学習には成果がなければいけません。成果を上げるためには、かかわり、計画を立てて学習を進める必要があります。そのプロセスが向上につながり、人間としても成長していくのです。

上達する（advance）　　生徒も教師も上達しているか？

- それまでの学習と関連して上達する
- 学習成果の進歩をチェックし成長を示して上達する
- 次にどう学習するか意思決定することで上達する
- 新しいことをすることで上達する

　内容知識においてもことばにおいても、上達ということがなければ、学習したとは言えません。そのためには、人とのつながりを通じて、また意欲を引き出すために、実行をしていくことです。この4つのことを心がけるようにすると、CLIL指導は成功に結びついていくでしょう。

　CLILで学ぶことは、決して特別なことではありません。CLILについてそれほど詳しくなくても、学習に熱心であれば、CLILは成功します。それでも、外国語で科目内容を学ぶことはやはりチャレンジかもしれません。しかし、すでに触れたようにヨーロッパでは多くの実践があります。**CLILは、内容とことばを統合した学習**を総称しています。こうしなければならないというコンセプトは必ずしもありません。事実、CLILの解釈の仕方はさまざまです。日本ではまだ新しい考え方で、これから多くの実践が出てくるでしょう。さまざまな人がその立場からCLILを定義したり、研究したりするでしょう。バイリンガリズムやイマージョンの立場からCLILを捉えるかもしれません。あるいは、LSPの立場からCLILを考えるかもしれません。しかし、**学習者にとって重要なことは何か**をもう一度考えてください。答えはそこにあると思います。

おわりに

　CLILは、いままでの外国語教育という考えからすると少し異なるアプローチであることは理解いただけたと思います。**本書の目的は、CLILの基本的な考え方、CLILの指導の具体例、ヨーロッパのCLIL事情、アジアと日本のCLILの事例、CLILをさらに推進していくためのさまざまな方策などを紹介すること**です。そのことを踏まえて、日本でのCLILの実践が進むことを願っています。従来であれば、外国語を学ぶだけでもたいへんなことで、科目内容まではとんでもない、という認識があったかもしれません。しかし、CLIL的に考えれば、決して二重の負担とはなりません。さらに、科目内容とことばだけではなく、CLIL学習を通して学習スキルも伸長するということも含んでいます。

　経験的に、CLILにはそのような効果があり得るということが、実際にCLILを指導してみると分かります。しかし、それほど簡単なことではなく、すぐに効果が見えるものでもありません。また、教師の負担が相当にあるのも事実です。ヨーロッパでもCLILの形態はさまざまですが、ある面で定着し、自然にCLIL授業が行なわれているように思えます。そのためには、**CLILが実施される背景がしっかりしている必要**があるでしょう。その基本要件は、CLIL教師のことばの能力です。英語であれば、英語が実質的に使えるという必要があります。さらに、学習者のモティベーションが最も大切です。英語が自然に使われる状況が身近にあることが要因でしょう。ヨーロッパでCLILの授業を参観して思うことは、多言語状況が教室にもある、つまり、生徒の母語の背景が異なるということが英語でのCLIL授業を円滑にしている面があるようです。

　CLILで使われることばは、やはり英語が中心です。しかし、英語だけではありません。**必要なCLILのことばがあれば、CLIL授業は可能**です。それが自然な環境であることが大切です。CLIL実施のポイントは、なぜCLILのことばで科目を学ばなければならないのか、という学習者の疑問に答えられることです。「イタリア語で料理を習う」ということは、イタリア料理を学ぶためには有効です。「インドネシア語で数学を習う」ということはどうでしょうか。必要性があまりないかもしれません。ニーズをきちんと理解して、CLILを実施することです。そのためには、英語でのCLILは最もニーズにかなうものです。本書で実質的に英語でのCLILに焦点を当てているのはそのためです。

日本では、おそらく英語でのCLIL授業が最も必要です。問題は、日本でのCLILがどうあるべきかです。本書で紹介した事例はごく一部で、今後ますます多くの多様なCLIL授業が日本でも展開されるでしょう。マレーシアでの事例に学び、日本ではヨーロッパとは異なるCLILを展開させるべきでしょう。

　さいごに、資料として、川越女子高校の鈴木誠氏が考えたCLIL授業案を掲載します。これがCLILと言えるかどうかは議論があるかもしれませんが、実際にCLILに関心を持ち、実践している先生の考えは貴重です。これをもとに、CLIL指導がさらに日本で発展することを期待します。

資　料　｜　CLIL 授業案 1

1　テーマ・トピック　　映画の年齢制限 (film rating)

2　対象　　高校生

3　目的
- 映画の年齢制限についてのチラシを日本語と英語で読み比べ、国によって基準がどう違っているかを知る。
- 自分の好きな映画や観たことがある映画の film rating を調べ、ペアやグループで発表し合う。
- 内容：映画の年齢制限について国によって基準がどうなっているか自ら調べる。
- ことば：映画についてよく使われる語句を知る。
- 学習スキル：インターネットを使って自分で調べ、さらに、友達と意見交換し、その結果をまとめる。

4　用意するもの・参考資料
- 映画倫理委員会の映画の年齢制限（ハンドアウト1）
  (http://www.eirin.jp/see/index.html)
- Motion Picture Association of America
  (http://www.mpaa.org/ratings/what-each-rating-means)（ハンドアウト2）

5　指導の流れ

1) **Greeting & warm up**

    あいさつと出席確認のあと、教師がいくつかの映画について以下のような質問をクラス全体に投げかける。
    たとえば、映画のタイトル (Toy Story 3, The Social Network など) を提示しながら、次のような質問をする。

    Do you like movies? What movie did you see?
    Can you see the movie by yourself?
    Do you know anything about the movie or film rating system?

2) **Presentation & today's topics**
   - 映画の年齢制限について導入する。
   - New wordsの確認をする。（ハンドアウト2で出てくる用語）
   - 日本の映画の年齢制限（ハンドアウト1）とアメリカの映画の年齢制限（ハンドアウト2）を配付して、比較する。（個人で読む）
   - ペアで気づいたこと、違う点などを自由に話し合う。

3) **Activities**
   - Motion Picture Association of Americaのウェブサイトを使い、興味のある映画の年齢制限とその理由を調べ、自分の意見をワークシート（ハンドアウト3）に書き込む。
   - ペアで結果を比較する。まとめた結果をクラス全体で発表する。

   例）
   - What movie did you check? What is the film-rating result?
   - I took a look at the movie 'The Social Network' and found it is PG-13. PG-13 means parents strongly cautioned. I don't know why. What about you?
   - I chose the movie 'Toy Story 3.' It is G, as you see. It is a heart-warming story. I like it.

   We shareded ideas about the film raitings about some movies we watched. There are plenty of movies on the website. It is very interesting, but I don't know why some movies are PG-13. For example, Harry Potter movies are all PG-13. I do think they are G. ….

4) **Wrap up**
   - 日本とアメリカの年齢制限について分かったことをまとめる。
   - 他にも調べたいことがあるか生徒に聞いて、次の時間までにまとめてくるように指示する。
     例）紹介したい映画を一つ選び、年齢制限について調べ、まとめる。
     アメリカ以外の国のfilm ratingについて調べ、まとめる。

認知
・ 内容、ことば、学習スキルの成果は生徒との協力で明確になる
・ 学習は、生徒の持っている知識、技能、態度、興味、経験の上に成立する
・ 生徒が、一人であるいは仲間や教師と学習成果を分析して新しい目標を設定する
・ 生徒は、他の授業で学んだ知識や技能を総合し、評価し、利用する

→次ページへつづく

資料

文化（コミュニティ）	内容	コミュニケーション
・生徒は学習コミュニティの一員として充実感を感じる ・生徒はグループの中で活動する自信と技能を身につけ、自分の関心を他の人とバランスよく共有する ・教師、生徒は教育のパートナーとなる	・内容が教室の内外のコミュニティと密接に関連する ・生徒は新しい状況に適応し、活動しながら関連の技能を身につける ・内容の量は多くはないけれども質がある	・生徒は、授業やコミュニティでの活動でコミュニケーションに積極的に参加する ・生徒と教師がともに意味を見直し、意味のやりとりをする ・ことば／コミュニケーション技能はすべての科目で発達する

ハンドアウト1 (映画倫理委員会HPより　http://www.eirin.jp/)

それぞれのマークには伝えたい大切な意味があります。

G 映倫 どなたでもご覧になれます

PG12 映倫 小学生には助言・指導が必要

R15+ 映倫 15歳以上がご覧になれます

R18+ 映倫 18歳以上がご覧になれます

We ♡ Cinema!

映画を観るまえに確認をお願いします。

映倫の区分表示マークは、全4種類、映画を、より多くの人に健全な娯楽として届けるために、ご協力をお願いいたします。

http://www.eirin.jp/　映画倫理委員会　映倫 EIRIN

ハンドアウト2 (Motion Picture Association of Americaより)

(1) G - General Audiences. All Ages Admitted.
A G-rated motion picture contains nothing in theme, language, nudity, sex, violence or other matters that, in the view of the Rating Board, would offend parents whose younger children view the motion picture. The G rating is not a "certificate of approval," nor does it signify a "children's" motion picture. Some snippets of language may go beyond polite conversation but they are common everyday expressions. No stronger words are present in G-rated motion pictures. Depictions of violence are minimal. No nudity, sex scenes or drug use are present in the motion picture.

(2) PG - Parental Guidance Suggested. Some Material May Not Be Suitable For Children.
A PG-rated motion picture should be investigated by parents before they let their younger children attend. The PG rating indicates, in the view of the Rating Board, that parents may consider some material unsuitable for their children, and parents should make that decision. The more mature themes in some PG-rated motion pictures may call for parental guidance. There may be some profanity and some depictions of violence or brief nudity. But these elements are not deemed so intense as to require that parents be strongly cautioned beyond the suggestion of parental guidance. There is no drug use content in a PG-rated motion picture.

(3) PG-13 - Parents Strongly Cautioned. Some Material May Be Inappropriate For Children Under 13.
A PG-13 rating is a sterner warning by the Rating Board to parents to determine whether their children under age 13 should view the motion picture, as some material might not be suited for them. A PG-13 motion picture may go beyond the PG rating in theme, violence, nudity, sensuality, language, adult activities or other elements, but does not reach the restricted R category. The theme of the motion picture by itself will not result in a rating greater than PG-13, although depictions of activities related to a mature theme may result in a restricted rating for the motion picture. Any drug use will initially require at least a PG-13 rating. More than brief nudity will require at least a PG-13 rating, but such nudity in a PG-13 rated motion picture generally will not be sexually oriented. There may be depictions of violence in a PG-13 movie, but generally not both realistic and extreme or persistent violence. A motion picture's single use of one of the harsher sexually-derived words, though only as an expletive, initially requires at least a PG-13 rating. More than one such expletive requires an R rating, as must even one of those words used in a sexual context. The Rating Board nevertheless may rate such a motion picture PG-13 if, based on a special vote by a two-thirds majority, the Raters feel that most American parents would believe that a PG-13 rating is appropriate because of the context or manner in which the words are used or because the use of those words in the motion picture is inconspicuous.

→次ページへつづく

(4) R - Restricted. Children Under 17 Require Accompanying Parent or Adult Guardian. An R-rated motion picture, in the view of the Rating Board, contains some adult material. An R-rated motion picture may include adult themes, adult activity, hard language, intense or persistent violence, sexually-oriented nudity, drug abuse or other elements, so that parents are counseled to take this rating very seriously. Children under 17 are not allowed to attend R-rated motion pictures unaccompanied by a parent or adult guardian. Parents are strongly urged to find out more about R-rated motion pictures in determining their suitability for their children. Generally, it is not appropriate for parents to bring their young children with them to R-rated motion pictures.

(5) NC-17 - No One 17 and Under Admitted. An NC-17 rated motion picture is one that, in the view of the Rating Board, most parents would consider patently too adult for their children 17 and under.
No children will be admitted. NC-17 does not mean "obscene" or "pornographic" in the common or legal meaning of those words, and should not be construed as a negative judgment in any sense. The rating simply signals that the content is appropriate only for an adult audience. An NC-17 rating can be based on violence, sex, aberrational behavior, drug abuse or any other element that most parents would consider too strong and therefore off-limits for viewing by their children.

ハンドアウト3

Movie title	Rating	Reasons	Agree or disagree?
e.g. Wolfman	R	Bloody horror violence and gore.	No. I like horror movies, so I think it's PG-13.

資料 ｜ CLIL 授業案 2

1 テーマ・トピック　数の理解（understanding the numbers）

2 対象　小学校高学年～中学生

3 目的
- 数に興味を持ち、数の数え方や簡単な計算ができ、それを英語で伝えられるようにする。
- 英語を使って自分で四則計算式をつくり、問題を出すことができる。
- 英語で数字を書くことができる。
- グループで協力することの大切さを理解する。

4 用意するもの・参考資料
- 数字の1～20までのカード
- 数字1～20までの読み方（スペリング）を書いたカード
- 四則計算式を書いたカード
- お手玉

5 指導の流れ

1) Greeting & warm up　Counting numbers 1 to 10

　あいさつと出席確認のあと、1から10の数を、フラッシュカードを使って確認し、練習する。その後、次の「お手玉ゲーム」をする。手順は下記のとおり。

① 5～6人のグループを作り、全体で立ったまま輪を作る。
② 各グループにお手玉を1つ渡す。
③ お手玉を持っている生徒はグループ内の一人に向かってお手玉を投げる。お手玉を受け取った生徒は「One」と答える。
④ 続けてお手玉を持った生徒が別の一人にお手玉を投げる。受け取った生徒は「Two」と答える。
⑤ お手玉を投げるときは相手の目をしっかりと見て、これからお手玉を投げるというシグナルを出すようにする。
⑥ グループ内で数字の「Ten」まで言ったあと、「We did it!」と全員で言う。一番早く終え

たチームが勝ち。
※ ルールは、①お手玉は片手で受け取る、②落としたら始めからやり直す、③隣の人に投げてはならない、という3つです。

2) Presentation & today's topics
① 1〜20までの数字のフラッシュカードを黒板に貼る。
② 数字の言い方を数回練習する。
③ 5〜6人でグループを作り、さきほどのゲームを1〜20で行なう。
④ 1〜20までの数字が言えるようになったら、加算（addition）の言い方を練習する。
⑤ 教師は黒板のカードを使いながら、加算の言い方を示す。たとえば、次のようにする。
例）（2と3を示し）Two plus three makes five.（4と7を示し）Four plus seven makes eleven.（1と6を示し）Well, one plus six makes what? Can you guess the answer? Yes. One plus six makes seven. Do you see? Okay, please repeat after me.
⑥ 再びグループを作り、同様に、輪を作ってお手玉を投げ合いながら四則計算を言う。このときお手玉を持っている生徒が加算の問題を出し、お手玉を投げる。受け取った生徒はその答を言ってから、次に問題を考え、別の生徒に問題を出してからお手玉を投げる。受け取った生徒が答え、問題を出して別の相手に投げる。
⑦ 教師が、「Stop!」と言ったときのお手玉を受け取った人の数で勝敗を決める。
⑧ 次に加算の問題が書いてあるワークシートを渡し、それぞれの加算をペアで確認する。
⑨ 21以降の数字を、辞書などを使って調べさせる。また、四則計算についてどのように英語で表現するのかを次のワークシートをヒントに考えさせ、23以降の数字と四則計算の言い方を理解し、問題を作らせる。
⑩ 次に、グループ同士で問題を出し合う。
例）What is the answer of sixteen multipled by eight?
- Sixteen multipled by eight equals one hundred twenty eight.

Numbers
1 one	2 two	3 three	4 four	5 five
6 six	7 seven	8 eight	9 nine	10 ten
11 eleven	12 twelve	13 thirteen	14 fourteen	15 fifteen
16 sixteen	17 seventeen	18 eighteen	19 nineteen	20 twenty
21 twenty one	22 twenty two	23 ...		
100 hundred	1,000 thousand	1,000,000 million, ...		

Calculations

e.g.
9 − 4 = 5   Nine minus four equals (is) five.
2 + 5 = 7   Two plus five equals (is) seven.
2 × 3 = 6   Two multiplied by three equals (is) six.
15 ÷ 3 = 5   Fifteen divided by three equals (is) five.

3) Wrap up
- 数字や四則計算問題について、さらに理解を深めるために、小学校で使った算数の教科書を見て、英語での言い方が分からない計算があるかどうか調べてくる。（予想される数字や計算例：小数点、分数など）
- さらに、可能であれば、インターネット上の四則計算に関するウェブサイトを閲覧するように指示して、どのような内容だったかを次の授業で報告する。

  例) Math is fun!

Names

There are special names for each number in a division:

$$\text{dividend} \div \text{divisor} = \text{quotient}$$

Example: in 12 ÷ 3 = 4:
- 12 is the dividend
- 3 is the divisor
- 4 is the quotient

But Sometimes It Does Not Work Perfectly!

Sometimes you cannot divide things up evenly ... there may be something left over.

Example: There are 7 cookies, and 2 people want to share them equally.

But 7 cookies cannot be divided exactly into 2 groups, because there will be **1 left over**:

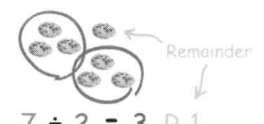

← Remainder

7 ÷ 2 = 3 R 1

資料

Addition

Addition is ...

... bringing two or more numbers (or things) together to make a new total.

Here 1 ball is added
to 1 ball
to make 2 balls:

Using Numbers it is: **1 + 1 = 2**

And in words it is: "One plus one equals two"

Example: If you add 2 and 3 you get 5. You would write it like this:

2 + 3 = 5

Try It

Write this down, with the answer, using **numbers**:

You should get: 4 + 3 = 7

Math is fun! (http://www.mathsisfun.com/) より

認 知		
・内容、ことば、学習スキルの成果は生徒との協力で明確になる		
・学習は、生徒の持っている知識、技能、態度、興味、経験の上に成立する		
・生徒が、一人であるいは仲間や教師と学習成果を分析して新しい目標を設定する		
・生徒は、他の授業で学んだ知識や技能を総合し、評価し、利用する		
文化（コミュニティ）	内容	コミュニケーション
・生徒は学習コミュニティの一員として充実感を感じる	・内容が教室の内外のコミュニティと密接に関連する ・生徒は新しい状況に適応し、活動しながら関連の技能を身につける	・生徒は、授業やコミュニティでの活動でコミュニケーションに積極的に参加する

資料 | CLIL 関連のウェブサイト例 (2011年6月現在)

CLILには多くの有用なウェブサイトがあります。いくつか紹介しておきます。

- **CLIL-AICLE**　http://www.isabelperez.com/clil.htm
  ヨーロッパ、特にスペインの学校で提供されるバイリンガル教育にかかわる教師のためのサイト。英語だけではなく、フランス語、ドイツ語などのCLIL教材が紹介され、利用できる。

- **Centre of support to Language Innovation and Research in Education** (CIREL)
  http://phobos.xtec.cat/cirel/cirel/
  カタロニア教育省が提供しているウェブサイト。CLILの英語指導実践や教材が紹介され、利用できる。

- **Goethe-Institut　CLIL**　http://www.goethe.de/ges/spa/dos/ifs/enindex.htm
  ドイツのCLIL実践が紹介されている。

- **ECML**（European Centre for Modern Languages）（ヨーロッパ現代語センター）
  http://www.ecml.at/
  ヨーロッパの言語教育に関するさまざまなプロジェクトを実施し、資料を提供している。その中でCLILに関するプロジェクトがある。2011年現在実施されているプロジェクトを紹介しておく。

    - **CLIL-CD**（Curriculum development for Content and Language Integrated Learning）
      http://clil-cd.ecml.at/
      CLIL教員研修のヨーロッパの枠組み（European Framework for CLIL Teacher Education（EFCT））を提供している。

    - **CLIL-LOTE-GO**（Bonnes pratiques d'enseignement d'une matière par l'intégration d'une langue étrangère autre que l'anglais）
      http://clil-lote-go.ecml.at/
      英語以外の言語（フランス語）CLIL教材や教員研修に関するプロジェクト。

    - **CLIL-LOTE-START**（Content and Language Integrated Learning through Languages other than English - Getting started）
      http://clil-lote-start.ecml.at/
      英語以外の言語（ドイツ語）CLIL教材や教員研修に関するプロジェクト。

- **CLIL-AXIS**　http://clil-axis.net/
  科目の教師とことばの教師のティームティーチングに関するネットワーク。フィンランド、スペイン、ラトビア、ポーランド、英国などのCLILの情報がある。授業の様子がビデオでも公開されている。

- **Onestopclil**　http://www.onestopenglish.com/clil/
  マクミラン社のウェブサイト。他の英語教材とともに、CLIL指導に関する教材などが紹介されている。

- **TKT CLIL**　https://www.teachers.cambridgeesol.org/ts/teachingqualifications/clil
  TKT CLILは、Cambridge ESOLが開発したTeaching Knowledge Test（TKT）のCLIL版である。CLILに関する指導知識を試すテストとして開発された。CLIL教師としての一つの資格証明として利用できる。

- **CLIL-NETWORK in Finland**　http://clil-network.educode.fi/index.htm
  フィンランドのCLILのネットワークとして利用されている。本文でも紹介したとおり、フィンランドでのCLIL実践には学ぶところが多く、有用なウェブサイトの一つである。

- **CILT The National Centre for Languages**
  http://www.cilt.org.uk/secondary/14-19/intensive_and_immersion/clil.aspx
  英国（イングランド）の言語センターのウェブサイト。英国の言語教育の情報が提供されている。CLILに関しても多くの情報があり、ヨーロッパでのCLILの動向が把握できる。

- **CLIL JAPAN**　http://www.cliljapan.org/
  内容言語統合型学習。日本へのCLILの普及を意図するウェブサイト。

- **CLIL Cascade Network**（CCN）　http://www.ccn-clil.eu/
  CLILのネットワーク。CLILの情報、教員研修、教材などが、英語、ドイツ語、フランス語、スペイン語、イタリア語で提供されている。このウェブサイトを見れば、ほぼヨーロッパにおけるCLILの動向が分かる。

※その他にもたくさんのCLILの情報、実践、教材があります。CLILとICT（情報コミュニケーション技術）は欠かせません。

資料 | CLIL キーワード (掲載順)

CLIL　Content and Language Integrated Learning (教科科目などの内容とことばを統合した学習)　CEFRを支える学習者中心 (learner-centeredness) という理念に基づく実践的な考え。ことばをうまく使って、学習する内容とことばの学習の両方を効果的に同時に促進しようと意図した学習のこと。

CEFR　the Common European Framework of Reference for Languages (ヨーロッパ言語共通参照枠)　ヨーロッパ市民が自由に交流できるようにと考えられた多言語社会 (multilingual society) に対する理念と実践を提言。複言語主義 (plurilingualism) に基づく相互理解、自律及び自己学習の支援、文化間コミュニケーション能力 (intercultural communicative competence) など、ヨーロッパ全体で共通に使える言語教育フレームワーク。

複言語主義　plurilingualism　個人が複数の言語を目的に応じて使用することを目標とした「母語＋2言語」を使えるという考え方。複文化主義 (pluriculturalism) とともにCEFRの基盤となる理念。

文化間コミュニケーション能力　Intercultural Communicative Competence (ICC)　「異文化間コミュニケーション能力」とも。Interculturalは、「異文化間、多文化間」などとも訳されるが、本書では「文化間」とした。自分自身や他人の文化を理解し、多様な背景をもった文化を持つ人とうまくコミュニケーションできるようにする能力。

CEFRの言語能力レベル　Common Reference Levels　熟達した言語使用者 (proficient user) のC2とC1、自立した言語使用者 (independent user) のB2とB1、基礎的な言語使用者 (basic user) のA2とA1の6段階から構成されるヨーロッパを中心に定着しつつある言語能力レベル。5技能 (読む、聞く、会話、発表、書く) のレベルを示した自己評価表 (self-assessment grid) が普及。

ELP　European Language Portfolio (ヨーロッパ言語ポートフォリオ)　学習者自身が、言語学習能力を示すパスポート (language passport)、言語履歴 (language biography)、(具体例の) 記録 (dossier) から構成されるポートフォリオを利用して、自分で学習を管理して、学習を進めていくポートフォリオ学習のこと。

CLILの3つの目標　内容の学習、ことばの学習、学習スキルの3つの目標。内容に関する目標がことばの学習の目標で支えられ、学習スキルの発達が内容とことばの学習目標の達成を支える。

CLIL指導法のコア　多様な視点（多焦点）(multiple focus)、安全で豊かな学習環境、本物らしさ(authenticity)、積極的な学習(active learning)、足場づくり(scaffolding)、協力(co-operation)、という6つの特徴からCLIL指導法のコアを構成する。

CLIL指導のモデルを生み出す4つの公理　認知、文化（コミュニティ）、内容、コミュニケーションという4つの公理。学習者が認知を活性化するために、文化（コミュニティ）、内容、コミュニケーションをそれぞれにうまく活用する。

EPOSTL　the European Portfolio for Student Teachers of Languages（ヨーロッパ言語教員養成ポートフォリオ）　外国語教師の養成課程で利用されるポートフォリオのことで、ECML（ヨーロッパ現代語センター）のプロジェクトとして開発され利用されている。EPOSTLを利用して、教員養成課程の学生自身が、必要とする知識や技能を、自律的に省察的に学習する。

TESME　Teaching Science and Mathematics in English（英語による理科・数学教育）　マレー語では、PPSMI (Pengajaran dan Pembelajaran Sains dan Matematik dalam Bahasa Inggeris)として知られている。マレーシア教育省により、2003年からマレーシアの生徒の英語力を高めることを目的としたCLIL政策。2012年に廃止（予定）。

コンフォート・ゾーン（心地よい場）　comfort zone　自分が心地よいと感じる空間、あるいは、自分自身が自信を感じる状態のこと。不安、困惑、自信の欠落など、学習についての戸惑いを感じるときは学習成果が思うように出ないが、コンフォート・ゾーンでは、自信がつき、さらに学ぼうという意欲も高くなっているため、学習に対する前向きな姿勢をとることができるということ。

足場づくり　scaffolding　構成主義 (constructivism) で使われている考え方。学習者の自律性を尊重し、段階的に足場を作って学習者の学習を支援するプロセスのことで、CLILでも重要な考え方。

Bloom (ブルーム) による教育目標の分類　Benjamin Bloomは教育目標を次の3つの領域に分類。
　認知的領域 (cognitive domain) … 知識 → 理解 → 応用 → 分析 → 総合 → 評価に分類
　情意的領域 (affective domain) … 受容 (注意 → 反応 (興味 → 価値づけ (態度 → 価値の組織化 (人生哲学) → 価値または価値複合体による個性化 (ライフスタイル) に分類
　精神運動的領域 (psychomotor domain) … 模倣 → 巧妙化 → 精密化 → 分節化 → 自然化に分類

近接発達領域　zone of proximal development (ZPD)　学習者が持っている知識と教師や友達の助けで達成できる知識の間にある領域のこと。ロシアの心理学者ヴィゴツキーが提唱した考え方。

執筆者紹介

笹島　茂（ささじま しげる）
　埼玉医科大学医学部准教授。大学英語教育学会（JACET）理事。ニューイングランド大学（オーストラリア）応用言語学修士修了。専門は英語教育、外国語教員研修、ESP、言語教師認知研究。CEFR、ELP、CLILなどに関心を持つ。主な著書『言語教師認知の研究』（共著）（開拓社）。

Peter Mehisto（ピーター・メヒスト）
　CLILの学会、セミナー、ワークショップなどの講師として活躍。エストニアとイングランドを中心に、作家、教師教育者、教師として活動。カナダ出身。CLIL指導法の実践に携わり、CLIL普及に関して多くの教師を支援し、連携し、CLILに関して多くの経験を有する。主な著書『Uncovering CLIL』（共著）（Macmillan）。

David Marsh（ディビッド・マーシュ）
　CLILという用語を普及し、世界中を飛び回るCLIL推進の第一人者。オーストラリア出身で、フィンランドと英国で教育を受け、現在、フィンランド、ユバスキュラ大学のUNICOMに所属。多くの国でCLILの講演、プログラム開発、調査研究に携わる。主な著書『Uncovering CLIL』（共著）（Macmillan）。

María Jesús Frigols（マリア・ヘスス・フリゴルズ）
　スペイン、バレンシア教育委員会アドバイザー。バレンシアの中等及び職業学校を中心としてヨーロッパ各地のCLIL普及に活躍。ECML（ヨーロッパ現代語センター）のCLIL-CDプロジェクトに携わり、また、ESPに関する多くの指導資料作成がある。主な著書『Uncovering CLIL』（共著）（Macmillan）。

斎藤　早苗（さいとう さなえ）
　東海大学文学部教授。コロンビア大学ティーチャーズカレッジ修士課程修了。専門は英語教育・教授法の研究。特に教員養成や異文化理解教育の領域に関心を持つ。主な著書『英語教育と文化：異文化間コミュニケーション能力の養成（英語教育学大系第3巻）』（共著）（大修館書店）。

池田　真（いけだ　まこと）
　上智大学文学部准教授。博士（英語学）。早稲田大学政治経済学部、上智大学文学部卒業。ロンドン大学大学院修士課程、上智大学大学院博士後期課程修了。専門は英語学、英語教育。主な著書は『CLIL（内容言語統合型学習）：上智大学外国語教育の新たな挑戦―第1巻原理と方法』（共著）（上智大学出版局）。

鈴木　誠（すずき　まこと）
　埼玉県立川越女子高等学校教諭。コロンビア大学ティーチャーズカレッジ修士課程修了。2006年フルブライト留学生としてアメリカ研究セミナーに参加。第2回東京大学安田講堂杯争奪英語弁論大会準優勝。CLIL、スピーチ、レシテーションに関心を示し、高校生英語弁論大会に尽力。

佐藤　ひな子（さとう　ひなこ）
　埼玉県立川越女子高等学校教諭。茨城大学理学研究科大学院修士課程修了。生物を教えるとともに教科間連携、CLILに携わる。生物の特に生態学に関心を示す。他教科や他分野との、または身の回りの事象と学問とのつながりを意識し、「つながる、たのしい、分かる」授業を目指す。

Sopia Md Yassin（ソピア・ヤシン）
　マレーシア、スルタン・イドリス教育大学（SIEU）准教授。国立こども発達リサーチセンター（NCDRC）所長。前同大学科学技術学部長。専門は構成主義学習、ICT教育、早期科学教育、科学教育言語など。マレーシアの科学教育、CLILの推進に活躍。主な著書『Monograph: Malaysian CLIL Research Project』（共著）（SIEU）。

Chantal Hemmi（シャンタール・ヘンミ）
　ブリティッシュカウンシル（British Council）アカデミックアドバイザー。小学校外国語活動教師研修、上智大学文化研究セミナーなどに従事。レディング大学（英国）英語教授法修士課程修了、エクセター大学（英国）英語教授法博士課程修了。専門は英語教育、CLIL、英語学習者、教育者アイデンティティーなど。

CLIL
新しい発想の授業
―理科や歴史を外国語で教える!?―

2011年11月30日　第1刷発行

編著者	笹島　茂
著　者	Peter Mehisto ／ David Marsh ／ María Jesús Frigols ／ 斎藤 早苗 ／ 池田　真 ／ 鈴木　誠 ／ 佐藤 ひな子 ／ Sopia Md Yassin ／ Chantal Hemmi
発行者	前田 俊秀
発行所	株式会社 三修社 〒150-0001 東京都渋谷区神宮前2-2-22 TEL 03-3405-4511 FAX 03-3405-4522 振替 00190-9-72758 http://www.sanshusha.co.jp/ 編集担当　永尾 真理
印刷・製本	壮光舎印刷株式会社

装丁・本文デザイン　　秋田 康弘

©2011 Printed in Japan
ISBN978-4-384-05667-9 C1037

Ⓡ〈日本複写権センター委託出版物〉
本書を無断で複写複製(コピー)することは、著作権法上の例外を除き、禁じられています。
本書をコピーされる場合は、事前に日本複写権センター(JRRC)の許諾を受けてください。
JRRC〈http://www.jrrc.or.jp　Eメール: info@jrrc.or.jp　電話: 03-3401-2382〉